面板数据的半参数与非线性计量分析

Semiparametric and Nonlinear Econometrics for Panel Data

孙燕 著

上海财经大学出版社
SHANGHAI UNIVERSITY OF FINANCE & ECONOMICS PRESS

上海学术·经济学出版中心

图书在版编目(CIP)数据

面板数据的半参数与非线性计量分析 / 孙燕著.
上海：上海财经大学出版社, 2025. 2. -- ISBN 978-7-
5642-4545-0

Ⅰ. F224.0

中国国家版本馆 CIP 数据核字第 20247VH811 号

本书由上海财经大学"中央高校建设世界一流大学学科和特色发展引导专项资金"与国家自然科学基金项目(71873085)和"理论经济学高峰学科"资助出版。

□ 责任编辑　邱　仿
□ 封面设计　贺加贝

面板数据的半参数与非线性计量分析

孙　燕　著

上海财经大学出版社出版发行
(上海市中山北一路 369 号　邮编 200083)
网　　址:http://www.sufep.com
电子邮箱:webmaster@sufep.com
全国新华书店经销
上海市崇明县裕安印刷厂印刷装订
2025 年 2 月第 1 版　2025 年 2 月第 1 次印刷

787mm×1092mm　1/16　10 印张(插页:2)　174 千字
定价:78.00 元

前　言

在经济学研究领域，探讨变量间的关系对于揭示经济现象的内在机制、预测经济趋势以及为政策制定提供科学依据至关重要。近年来，越来越多的学者开始关注函数形式的设定问题。尽管线性回归模型在解释经济变量间潜在关系方面具有较好的应用价值，但也存在局限性。一方面它只能研究解释变量对被解释变量的平均影响效应而无法探讨影响效应的异质性；另一方面它忽略了变量之间可能存在的某些非线性关系。

由于非线性形式的多样性，实际操作中很难确定具体的非线性函数形式。本书针对实际经济问题分析的需求，分别提出并研究了三种面板数据半参数模型。半参数模型巧妙融合了非参数模型与参数模型的优点，使我们能够不对感兴趣的变量施加固定形式的限制，从而让数据自然地揭示信息，降低因模型设定不当而产生的风险。半参数模型特别适合企业效率评估（连续因变量）和研究收入差距对健康影响的各种假设（二值离散因变量）的规范性检验，能够减少对模型的依赖。尽管半参数模型在解释性上不如参数模型那样直接明了，但它作为变量关系的初步探索性分析，为我们后续构建具体的参数模型（非线性模型或线性模型）提供了宝贵的线索。本书还介绍了连续门槛回归模型。该模型可以视为对不连续门槛回归模型的优化，是处理数据中非线性特征的有效工具，并成功应用于股权质押与企业金融资产配置等经济问题的分析中。

本书偏向于理论计量经济学，需要读者具备一定的计量经济学模型与方法的知识。为此，本书第 2 章集中介绍了后续章节涉及的一些关键知识点和方法，方便读者查阅。

本书的编写得到了同行专家的帮助和支持，特别要感谢我的博士研究生，现浙江财经大学教师黄伟博士的辛勤工作，完成了本书第 4 章和第 5 章的数值模拟计算和经济学实例分析，以及本书的部分文本格式转换工作。感谢上海财经大学"中央高校建设世界一流大学学科和特色发展引导专项资金"的支持。感谢国家自然科学基金项目（71873085）和"理论经济学高峰学科"的资助。

　　因作者水平所限，本书难免有不足之处，恳请读者不吝赐教。来信请发至：sunyan@mail.shufe.edu.cn。

孙燕

2025 年 1 月

目录

第 1 章

绪论

1.1 面板数据概述

面板数据是指对多个个体（如国家、公司、个人等）在多个时间点进行追踪观测而得到的数据。这类数据既包含跨个体的信息（横截面数据），又包含跨时间的信息（时间序列数据）。本书主要讨论企业、家庭或个人层面的微观面板数据的建模与分析，广义的微观面板数据也包括群组数据（cluster data）。例如，如果想调查某一年家庭对五年级学生的人力资本投资情况，可以按班级进行分组，从每个班级中随机抽取若干名学生进行调查，最终获得的数据即为群组数据。近 20 年来，随着信息技术的发展和个体层面数据的收集，微观面板数据已变得非常普遍。

1.1.1 常见的中国微观面板数据集

在中国，常见且知名的微观面板数据集主要集中在家庭和企业层面，涵盖了经济、社会、健康、教育等领域。主要的微观面板数据集有：

1. 中国家庭追踪调查（China Family Panel Studies, CFPS）

CFPS 数据库是由北京大学中国社会科学调查中心（ISSS）组织实施的一项全国性、综合性、长期性的家庭追踪调查。该项目旨在收集中国家庭和个人在经济、教育、健康、家庭关系等方面的数据。CFPS 项目在 2008—2009 年进行了试点调查，并于 2010 年正式启动，以选定的家庭及个人为样本，每两年进行一次全面的跟踪调查。读者可通过北京大学中国社会科学调查中心官网申请获取相关数据。

CFPS 收集的样本数据覆盖 25 个省、自治区和直辖市,在地理上包括了中国的东部、中部、西部和东北部的主要区域,这些地区涵盖了中国的不同经济发展水平和社会文化特征,确保了样本数据的代表性。数据包括三个层面:首先是家庭所在的小区层面的情况(未公开);其次是家庭层面的数据,包括收入、支出、财产以及社会关系等;第三是家庭成员方面,针对每个人,分成人组和儿童组分别进行问卷调查,调查内容涉及教育、社会关系、娱乐方式、认知能力以及健康状况等。CFPS 数据库被广泛用于学术研究、政策分析、社会服务和教育培训等领域。通过对家庭和个人的多方面数据分析,CFPS 为深入理解中国社会经济现象及其动态变化提供了宝贵的资源和支持。

2. 中国家庭金融调查(China Household Finance Survey, CHFS)

CHFS 数据库是由西南财经大学中国家庭金融调查与研究中心(以下简称为中心)收集和管理的,是中国重要的家庭金融数据资源之一。CHFS 项目于 2011年开始第一次数据收集,主要目的是建立基础的家庭金融数据库,获取家庭金融状况的基础线索。CHFS 定期更新数据,以捕捉中国家庭金融行为的变化和发展趋势。除了定期的全面调查,CHFS 可能还会进行一些专题调查或添加新的模块,以更全面地覆盖家庭金融领域的特定问题和新兴趋势。读者可通过西南财经大学中国家庭金融调查与研究中心官网申请获取当前整理好的全部数据。

CHFS 2011 年覆盖全国 25 个省级行政单位的 80 个区县的 320 个村(居)委会,共 8 438 户家庭。到 2013 年,覆盖范围扩大到全国 29 个省级行政单位的 267个区县的 1 048 个村(居)委会,共 28 141 户家庭。2015 年,调查范围扩展至 351个区县和 1 396 个村(居)委会,共 37 289 户家庭。2017 年,调查范围进一步扩展至 355 个区县和 1 428 个村(居)委会,共 40 011 户家庭。2019 年,调查覆盖 345个区县和 1 360 个村(居)委会,共 34 643 户家庭。

中心提供的历次调查数据库都包含本次调查所用问卷,每次问卷的内容都会有细微差异。大体上,该数据库包括五个方面:

其一,家庭的人员构成的基本数据,包括年龄、性别、学历、婚姻、工作等;

其二,资产和负债,包括非金融资产(汽车、房产,非城市家庭还包括农业生产工具)、金融资产(持有的基金、股票等各类金融投资)、负债(因消费、教育等原因产生的负债),问卷不仅会调查具体数额,还会涉及方式(例如,如何获取的贷款等);

其三,家庭的社会保障情况,包括社会保障与商业保险;

其四,家庭的收入和支出情况;

其五,家庭的主观态度与金融知识情况(是否受过金融教育,有无幸福感,以及通过一些计算和选择题判定家庭的金融素养以及风险态度)。

CHFS 数据库被广泛用于社会科学研究,覆盖了经济学、社会学、公共政策、人口学等领域的研究,为政策制定者提供了丰富的信息来源。

3. 中国股票市场与会计研究数据库(China Stock Market & Accounting Research Database, CSMAR)

CSMAR 数据库是中国金融数据领域中重要的资源,由深圳国泰安信息技术有限公司开发。该数据库涵盖了自中国证券市场成立以来的全面历史数据,最早可以追溯到 20 世纪 90 年代初,并持续更新至今。数据涵盖中国大陆上市公司以及部分港股、债券市场和宏观经济指标。访问国泰安信息技术有限公司的官方网站可以了解更多关于数据库的详细信息。CSMAR 数据库主要包括六个方面的数据:

一是上市公司财务数据,覆盖中国大陆所有 A 股和 B 股上市公司的财务报表数据;

二是市场交易数据,包括股票交易数据、成交量等;

三是公司治理数据,涵盖董事会、管理层结构、股权结构及其变动情况;

四是宏观经济数据,提供如 GDP 增长率等中国宏观经济指标,也包含部分国际经济数据;

五是行业数据,涵盖不同行业的市场表现、财务状况等,也提供行业分类和行业分析报告等;

六是债券市场数据,涵盖政府债券、企业债券和金融债券,包括债券的发行、交易、评级等信息。

CSMAR 数据库通过提供详尽和高质量的金融和经济数据,成为中国资本市场研究的重要工具。其在学术研究、金融分析、政策制定、教育培训和企业管理等方面发挥了重要作用,推动了中国金融市场的研究与发展。

4. 其他中国微观面板数据集

在中国,还有其他一些影响力较大的微观面板数据集,这些数据集涵盖了家庭、企业、个人以及劳动力市场等领域,为社会科学研究和政策制定提供了宝贵的数据支持。常见的有:

（1）中国健康与养老追踪调查（China Health and Retirement Longitudinal Study，CHARLS），是北京大学国家发展研究院主导的一项全国性研究，旨在收集中国 45 岁及以上中老年人口的家庭结构、健康状况、医疗保险、经济状况、工作退休、养老和社会关系等方面的数据。

（2）中国健康与营养调查（China Health and Nutrition Survey，CHNS），是由美国北卡罗来纳大学人口中心与中国疾病预防控制中心营养与健康所开展的国际合作项目。该调查包括社区调查、家庭户调查、个人调查、健康调查、营养和体质测验、食品市场调查、健康和计划生育调查。除社区调查外，中国健康与营养调查数据是面向公众开放的。社区数据需要通过与美国北卡罗来纳大学人口中心签订保密协议获得使用权限。

（3）中国劳动力动态调查（China Labor-force Dynamic Survey，CLDS），是由中山大学数据科学与计算机学院社会调查中心实施的，旨在全面反映中国劳动力市场的动态变化，包括就业状况、劳动报酬、职业流动、技能培训、劳动合同等。

（4）中国工业企业数据库（Chinese Industrial Enterprises Database，CIED），全称是全部国有及规模以上非国有工业企业数据库，包括两部分数据：

其一是企业基本状况，包括企业名称、企业法人情况、联系方式等；

其二是历年财务数据，包括各类资产及负债、投资与折旧、主营业务收入与成本、管理费用、研发投入等指标。

上述通过追踪调查获得的微观面板数据集，通常具有较大的截面维度，例如涵盖上万户家庭或数千家企业。然而，这些数据集的时间维度通常是年度数据，并且由于调查持续时间较短，时间维度相对较小。例如，CFPS 迄今为止仅收集了 6 期数据。

5. 其他国家的微观面板数据集

美国众多的面板数据集中，全国劳动力市场经验纵向调查（National Longitu-dinal Surveys of Labor Market Experience，NLS）数据集和密歇根大学的收入动态追踪调查（Panel Study of Income Dynamics，PSID）数据集是最知名的两个面板数据集。NLS 数据调查了人们对教育、就业、婚姻、生育、培训、儿童保育、健康、毒品和酒精滥用等方面的态度、行为及相关事件，涉及面非常广泛。PSID 数据收集的是全国范围内具有代表性的家庭和个人及其后代每年的经济信息，既收集整个家庭的数据，也收集家庭成员的个人数据，重点关注家庭经济、人口数量、健康及就业信息和交互信息。

在欧洲，多个国家已经拥有年度或更高频率的全国性调查数据，如德国的社会经济面板调查（German Socio-Economic Panel，GSOEP）、英国的家庭面板调查（British Household Panel Survey，BHPS）、荷兰的社会经济面板调查（Socio-Economic Panel，SEP）等。

1.1.2　微观面板数据的优势

微观面板数据包含对相同个体（如家庭、企业、个人）在不同时间点上的观测，与传统截面数据和时间序列数据相比，具有以下主要优势：

1. 控制遗漏变量（个体异质性和/或时间异质性）偏误

在经济学的实证研究中，常常遇到遗漏变量的问题，且这些遗漏变量可能与解释变量相关，导致内生性问题。其中有一类特殊的遗漏变量，要么是不随时间变化的不可观测个体异质性变量，要么是不随个体变化的不可观测时间异质性变量。面板数据允许控制这些不可观测的、不随时间变化和/或不随个体变化的异质性因素，如个人能力和全局范围内的技术进步等，从而减少因不可观测因素导致的估计偏误。如在研究影响企业创新的回归分析中，不可观测的企业文化可能是影响企业创新的重要因素，并且与可观测解释变量（如企业投入等）相关，导致随机误差项的零条件均值假设不成立，使得 OLS 估计有偏非一致。在这种情况下，不可观测的企业特征（如企业文化）可能是不随时间变化或近似于不随时间变化的因素，面板数据分析方法可以有效地控制这种不可观测的异质性。

具体而言，考虑如下简单的回归模型：

$$y_{it} = \mathbf{x}_{it}^{'}\boldsymbol{\beta} + \mathbf{z}_i^{'}\boldsymbol{\zeta} + e_{it}, \ i = 1, \cdots, N; \ t = 1, \cdots, T \tag{1.1}$$

其中，y_{it} 表示第 i 个个体在第 t 期的因变量；$\mathbf{x}_{it}$ 为 $p \times 1$ 维随时间变化的个体特征向量，$\mathbf{z}_i$ 为 $q \times 1$ 维不随时间变化的个体特征向量，如性别、企业文化等；$\boldsymbol{\beta}, \boldsymbol{\zeta}$ 分别是 $p \times 1$ 维和 $q \times 1$ 维的回归系数向量；随机误差项 e_{it} 对不同的 i 相互独立，且 $E(e_{it}|\mathbf{x}_{i1}, \cdots, \mathbf{x}_{iT}, \mathbf{z}_i) = 0$。如果假定 $\mathbf{z}_i$ 不可观测，且 $\mathbf{z}_i$ 与 $\mathbf{x}_{it}$ 相关，则将 $\mathbf{z}_i$ 归入到随机误差项，建立 y_{it} 关于 $\mathbf{x}_{it}$ 回归的 OLS 估计是有偏非一致的。

在模型（1.1）中，由于我们获得了每个个体的重复观测样本，为简单起见，不妨假定 $T = 2$。因为 $\mathbf{z}_i$ 不随时间变化，则 y_{i1} 到 y_{i2} 的变化一定不是由于 $\mathbf{z}_i$ 的变化

引起的,因此我们利用前后两期的变化就能得到 β 的一致估计,即由(1.1)可得:

$$(y_{i2} - y_{i1}) = (\mathbf{x}_{i2} - \mathbf{x}_{i1})'\beta + (e_{i2} - e_{i1}),\ i = 1, \cdots, N. \tag{1.2}$$

现在,利用(1.2)的回归得到 β 的 OLS 估计,在前文给定的零条件均值假设下是无偏一致的。

2. 增加样本容量,提高估计效率

面板数据将截面数据与时间序列数据的优势结合在一起,能够提供对同一个个体在多个时间点上的观测。相比于单一的横截面数据,面板数据显著扩大了样本观测的广度和深度,从而极大地丰富了信息量,捕捉到数据间更多的细微变化。在个体数较少的情况下,面板数据有助于减少变量之间多重共线性的产生,使估计结果更加稳健和可靠。这为模型参数的推断提供了更为准确的依据,使我们的分析结果更具说服力和可信度。

3. 捕捉经济变量之间的动态关系

这常常是经济现象研究中的一个关键任务。经济活动通常是连续且相互交织的,导致一个经济变量的变化往往会引起其他经济变量的连锁反应,并且这些反应可能需要一段时间才能完全显现。政策调整、技术进步、市场需求变化等因素都可能导致经济变量的动态调整。例如,税收优惠对企业创新的影响存在动态效应。税收优惠可能不立即显现其影响,这是因为企业在获得税收优惠后,需要时间调整其投资策略,增加研发投入,并开发新产品或改进现有产品。因此这种效应具有明显的时间滞后性。

此外,税收优惠对企业创新的动态效应还表现为累积效应。随着时间的推移,企业会逐步感受到税收优惠带来的成本降低和资金积累的优势,这将进一步增强其创新的动力和能力。同时,企业也会根据市场反馈和竞争态势不断调整其创新策略,逐步形成更加完善的创新体系。因此,税收优惠对企业创新的影响是一个长期累积的过程。面板数据由于其能够同时捕捉到横截面(个体间)和时间序列(个体内)的变化,特别适用于研究经济变量之间的动态关系。通过分析面板数据,研究者可以全面理解经济变量的演变轨迹、动态调整过程及它们之间的因果关系,从而为揭示经济变量间的互动效应和深入分析其影响机制提供了丰富的实证材料。

4. 能够揭示那些仅使用时间序列或截面数据无法捕捉的影响效应

以教育投资(自变量 X)对经济增长(因变量 Y)的研究为例,如果仅依赖时间序列数据,我们只能在单一国家或地区的时间脉络中观察教育投资和经济增长的变动趋势,而忽略了不同经济体在教育资源分配和经济增长模式上的多样性。同样,若仅使用截面数据,我们可以在某一时间点上比较不同国家或地区的教育投资和经济增长水平,但这种数据无法揭示教育投资对经济增长的长期和动态影响。面板数据则能够为我们提供一个更加全面的视角,通过构建一个涵盖多个国家和多个时间点的数据集,我们可以同时考虑教育投资与经济增长在时间维度和个体维度上的变化。这种数据不仅揭示了不同国家在教育投资上的差异,还能分析这些差异如何与各国经济增长的相互作用。因此,面板数据使我们能够更加全面、深入地研究教育投资与经济增长之间的关系,为经济学研究提供更为丰富和详实的视角。

5. 能够构建并检验更加贴近现实的行为模型

面板数据通过将不同时间点上的经历和行为相结合,使研究者能够探讨比单纯时间序列数据或截面数据更为复杂的行为模型。例如,面板数据能够深入分析技术有效性的影响,这种影响可能在不同企业和不同时间点上表现出显著的差异。具体而言,面板数据允许研究者跟踪同一组个体(如企业)在多个时间点上的表现,从而揭示技术采用和效益之间的动态关系。这种方法能够识别技术对企业绩效的长期影响,以及这些影响如何受到企业特征和市场环境变化的影响。因此,面板数据不仅提供了更为详尽的动态分析框架,也有助于构建更贴近实际的行为模型,进而增强对经济现象的理解和预测能力。

1.2 固定效应面板数据模型

在面板数据的计量经济学分析中,即使我们考虑了可观测的解释变量,也不能假定同一个体在不同时间点上的观测是相互独立的。因为存在不可观测的个体异质变量,这些变量在不同时间点上对同一个体都可能产生影响。例如,一个在2010 年影响企业创新的不可观测企业特征,如企业管理风格,可能在未来继续影响企业的创新活动。因此,相同个体在不同时间点的观测可能存在相关性,而不能简单地视为独立。

另一方面,我们也不能假定个体在不同时间点上的观测是同分布的。随着时间的推移,社会和文化观念会发生变化,从而影响个体行为。例如,妇女的生育观念可能随时间发生改变。在这种情况下,存在不可观测的时间异质性变量,会导致不同时期的生育率具有不同的均值和分布特征。因此,分析面板数据时必须考虑这些时间变化带来的异质性,以确保模型的准确性和有效性。

1.2.1　模型

直接将上述这些不可观测异质变量归入随机误差项,可能导致遗漏变量偏误。因此,我们需要发展特定的面板数据模型以控制这些不可观测异质性。常用方法是直接在线性回归模型中引入不可观测的个体异质变量 α_i^* 和时间异质变量 λ_t^*,构建如下面板数据模型:

$$y_{it} = \mathbf{z}_{it}^{'}\boldsymbol{\beta} + a\alpha_i^* + b\lambda_t^* + e_{it}, \ i = 1, \cdots, N; t = 1, \cdots, T. \tag{1.3}$$

其中,$\mathbf{z}_{it}$ 为可观测解释变量,$\boldsymbol{\beta}$ 为其回归系数向量,e_{it} 为随机误差,a 和 b 分别为不可观测个体异质变量和时间异质变量的影响效应。

由于个体异质因素 α_i^* 及其影响效应 a 都不可观测,不妨记 $\alpha_i = a\alpha_i^*$,我们称之为个体效应,同理 $\lambda_t = b\lambda_t^*$ 为时间效应。故(1.3)的常见形式为:

$$y_{it} = \mathbf{z}_{it}^{'}\boldsymbol{\beta} + \alpha_i + \lambda_t + e_{it}, \ i = 1, \cdots, N; t = 1, \cdots, T. \tag{1.4}$$

我们称该模型为双向效应面板数据模型。个体效应面板数据模型,即(1.3)中 $b = 0$ 导致(1.4)中不存在 λ_t。时间效应面板数据模型,即(1.3)中 $a = 0$ 导致(1.4)中不存在 α_i,都是双向效应面板数据的特例。实证例子表明,在面板数据模型设定中引入个体和/或时间异质变量后,就有可能降低甚至避免遗漏变量偏误。

(1.4)中关于不可观测个体效应 α_i 和时间效应 λ_t 的处理方式是面板数据模型推断不同于截面数据推断的关键之处。由于大多数微观面板数据的特征是个体数量多而观测期数少,因此本书仅考虑短面板,即 N 大 T 有限的面板数据集。此时,我们可以通过引入时间虚拟变量的方法处理时间效应 λ_t。若模型(1.4)中不包含截距项,我们引入 T 个时间虚拟变量:

$$D1_t = \begin{cases} 1 & t = 1 \\ 0 & t \neq 1 \end{cases}, \quad D2_t = \begin{cases} 1 & t = 2 \\ 0 & t \neq 2 \end{cases}, \quad \cdots, \quad DT_t = \begin{cases} 1 & t = T \\ 0 & t \neq T \end{cases}$$

代入（1.4）得

$$y_{it} = \mathbf{x}_{it}^{'}\boldsymbol{\beta} + \alpha_i + e_{it}, \ i = 1, \cdots, N; t = 1, \cdots, T, \tag{1.5}$$

其中 $\mathbf{x}_{it} = (\mathbf{z}_{it}^{'}, D1_t, D2_t, \cdots, DT_t)^{'}$。

我们假定所有解释变量 $\mathbf{x}_{it}$ 是外生的，着重讨论关于模型（1.5）的估计和假设检验问题。根据个体效应 α_i 与 $\mathbf{x}_{it}$ 的相关性，α_i 的处理分为固定效应和随机效应。当 α_i 与 $\mathbf{x}_{it}$ 相关时，称（1.5）为固定效应面板数据模型（Fixed Effects Panel Data Model）。当 α_i 与 $\mathbf{x}_{it}$ 不相关时，称（1.5）为随机效应面板数据模型（Random Effects Panel Data Model）。在实际经济学的问题分析中，基于简单的经济学分析基本可以判断 α_i 与解释变量 $\mathbf{x}_{it}$ 相关，因此这里仅讨论固定效应面板数据模型，即双向固定效应面板数据模型（1.4）和个体固定效应面板数据模型（1.5）的推断。

1.2.2　模型的推断

对本书讨论的大 N 小 T 的面板数据，我们可以通过引入时间虚拟变量将双向固定效应模型（1.4）化为个体固定效应面板数据模型（1.5）的形式。下面的讨论围绕个体固定效应面板数据模型（1.5）展开。

模型（1.5）中，我们感兴趣的是参数 $\boldsymbol{\beta}$，其衡量了给定不可观测个体效应和其他解释变量时，核心解释变量或感兴趣解释变量对因变量的边际影响效应。显然，简单将（1.5）中的个体效应 α_i 归入随机误差项 e_{it}，构成新的误差项 $u_{it} = \alpha_i + e_{it}$；然后利用 y_{it} 关于 $\mathbf{x}_{it}$ 回归的最小二乘方法进行估计将无法得到 $\boldsymbol{\beta}$ 的一致估计。原因在于，新误差 u_{it} 中的 α_i 与解释变量 $\mathbf{x}_{it}$ 相关，工具变量方法固然可以用来解决该内生性问题，但很难找到有效的工具变量。

有了面板数据，我们很容易处理这种内生性问题。由于 α_i 不随时间变化且我们有关于相同个体在不同时间点上的观测，因此很容易通过数据变换的方法消去 α_i，从而消除内生性问题。具体的，（1.5）关于同一个个体求个体在不同时间点上的个体均值，得

$$\bar{y}_{i\cdot} = \bar{\mathbf{x}}_{i\cdot}^{'}\boldsymbol{\beta} + \alpha_i + \bar{e}_{i\cdot}, \ i = 1, \cdots, N. \tag{1.6}$$

其中，$\bar{y}_{i\cdot} = \frac{1}{T}\sum\limits_{t=1}^{T} y_{it}, \bar{\mathbf{x}}_{i\cdot} = \frac{1}{T}\sum\limits_{t=1}^{T} \mathbf{x}_{it}, \bar{e}_{i\cdot} = \frac{1}{T}\sum\limits_{t=1}^{T} e_{it}$。由（1.5），（1.6）可得

$$\tilde{y}_{it} = \tilde{\mathbf{x}}_{it}^{'}\boldsymbol{\beta} + \tilde{e}_{it}, \ i = 1, \cdots, N; \ t = 1, \cdots, T, \tag{1.7}$$

其中，$\tilde{y}_{it} = y_{it} - \bar{y}_{i\cdot}$，$\tilde{\mathbf{x}}_{it} = \mathbf{x}_{it} - \bar{\mathbf{x}}_{i\cdot}$，$\tilde{e}_{it} = e_{it} - \bar{e}_{i\cdot}$。经过数据的组内变换，模型（1.7）化为一般线性回归模型的形式，且由于解释变量满足严格外生性，该模型的 OLS 估计是无偏一致的。该估计仅利用了每个个体随时间变化的信息，也被称为组内估计。

此外，模型（1.7）的推断也同线性回归模型一样，即利用异方差稳健的标准误进行假设检验，构造置信区间。但这种估计方法可能存在的问题是，如果解释变量的变动大多是在截面层面而不是时间维度，则时变个体解释变量的系数估计可能很不准确，导致标准误较大，变量的显著性检验不显著。

1.2.3 模型的应用及存在的问题

一方面，由于面板数据可以控制不随时间变化的个体异质效应和/或不随个体变化的时间异质效应，避免或者降低遗漏变量偏误，有助于得到变量之间的因果效应。另一方面，随着我国微观面板数据集的可得性增大，双向固定效应模型（1.4）和个体固定效应面板数据模型（1.5）在我国经济学的实证问题分析中广受欢迎，参见田国强和李双建（2020）、宋弘和罗长远（2021）、尹志超等（2022）、凌润泽等（2023）、姚加权等（2024），等等。

实际应用中大多采用上面介绍的固定效应估计方法。但这类估计方法的一个问题是：我们无法研究可观测不随时间变化的个体特征 c_i（如性别、种族等）对因变量影响的大小，或者可观测不随个体变化的时间特征 d_t（如我国经济政策的不确定性）对因变量影响的大小。

具体的，考虑如下双向固定效应模型：

$$y_{it} = \mathbf{x}_{it}^{'}\boldsymbol{\beta} + \zeta_1 c_i + \zeta_2 d_t + \alpha_i + \lambda_t + e_{it}, \ i = 1, \cdots, N; t = 1, \cdots, T. \quad (1.8)$$

虽然 c_i 有观测数据，但此时，$\zeta_1 c_i$ 和 α_i 不可识别，无法估计。同理，$\zeta_2 d_t$ 与 λ_t 之间也存在同样的问题。而利用去个体时间均值的方法会同时消去 $\zeta_1 c_i$，使我们无法估计可观测个体特征的影响效应。即：

$$\tilde{y}_{it} = \tilde{\mathbf{x}}_{it}^{'}\boldsymbol{\beta} + \zeta_2 \tilde{d}_t + \tilde{\lambda}_t + \tilde{e}_{it}, \ i = 1, \cdots, N; t = 1, \cdots, T,$$

其中 $\tilde{d}_t = d_t - \frac{1}{T}\sum_{t=1}^{T} d_t$，$\tilde{\lambda}_t = \lambda_t - \frac{1}{T}\sum_{t=1}^{T} \lambda_t$。因此，如果我们建立个体固定效应模

型分析企业创新的影响因素时,无法考量企业产权性质对企业创新的影响。

　　同样的,在实证应用中,如果要研究诸如可观测时间共同因子对微观个体的影响,则建模时无法在模型中加入时间固定效应,因此模型可能存在遗漏变量偏误问题。如田国强和李双建(2020)在研究中国的经济政策不确定对银行流动性创造的影响时,为了避免这个问题,建立的是如下个体固定效应面板数据基准模型:

$$LC_{it} = \theta_0 + \theta_1 EPU_{t-1} + \gamma X_{it} + \lambda Y_{it} + \mu_i + \epsilon_{it}$$

其中,$i = 1, \cdots, N$ 表示银行个体;$t = 1, \cdots, T$ 表示观察年份;LC_{it} 表示银行 i 在第 t 年的流动性创造水平;EPU_{t-1} 表示第 $t-1$ 年的经济政策不确定性程度;X_{it} 为银行层面控制变量;Y_{it} 为其他层面控制变量;μ_i 为银行个体固定效应;ϵ_{it} 为随机误差项。上述模型中没有加入时间固定效应。如果模型中加入时间固定效应,则无法研究感兴趣变量经济政策不确定性 EPU 对银行流动性创造的影响。

　　解决这类模型的方法,是在一定的条件下,采用其他估计方法,比如相关随机效应方法,即在模型(1.8)中假定不可观测个体特征 α_i 与时变个体特征 $\mathbf{x}_{it}$ 的相关形式,采用 Mundlak-Chamberlain 方法,参见 Mundlak(1978)、Chamberlain(1984),将 α_i 投影到解释变量的空间上,如:

$$\alpha_i = b_0 + \sum_{t=1}^{T} \mathbf{x}'_{it} \mathbf{b}_t + v_i$$

其中,v_i 为随机误差项,假设 v_i 与 $\mathbf{x}_{i1}, \cdots, \mathbf{x}_{iT}$ 独立。代入原模型进行估计。

　　或者采用 Hausman-Taylor 方法,假定个体时变解释变量和个体时不变解释变量中均存在外生解释变量,从模型内部寻找工具变量,利用广义矩方法估计参数,具体参见 Hauman 和 Taylor(1981)。

1.3　面板数据因子模型

　　虽然常见的微观面板数据往往是短面板(T 较小),但实证分析中面板数据的调查时间频率往往是 2 年(如 CFPS)甚至更长,因此样本期跨度可能相对较长。在中国经济转型发展时期,这样的时间跨度由于技术冲击、政策等很可能导致解释变量的影响效应随时间发生变化。若解释变量可观测,由于 T 较小,一种简便方法是引入时间虚拟变量和解释变量的交叉项。更困难的是,不可观测个体变量如企业管理能力,个人的努力程度等的影响效应也可能是时变的。而常用的面板数据模型(1.4)中隐含假定了不可观测个体变量对被解释变量的影响效应在不同时间点上是相同的。

另一方面,时间效应 λ_t 可视为个体面对的一系列宏观上的共同冲击,模型(1.4)中默认每个个体对这个共同冲击做出了相同的反应,这往往违背了经济学常识和现实。例如,在分析我国企业的投资决策时,时间效应可以看作影响各个企业投资的一个共同冲击。比如经济政策的不确定性就是这样一个共同冲击,每个企业只能被动地接受给定的不确定性水平,显然从经济常识来看,由于各个企业自身的情况不同,因此企业的投资对于政策变化的冲击反应应该是不一样的,有的企业可能对于政策冲击反应更加敏感,有的企业则可能反应相对迟钝。

1.3.1 模型

个体效应和/或时间效应以加法形式引入的面板数据模型(1.4)或者(1.5),默认了每个个体对于时间共同因子冲击的反应是一样的,或者每个个体特征变量的影响效应随时间是一样的。该设定形式对某些应用而言可能过于严格导致推断不可信,参见 Lee 和 Schmidt(1993)、Friedberg(1998)、Karagiannis 和 Tzouvelekas(2007)、施新政等(2019)等。因此,在实证研究中被广泛采用的面板数据模型实际上可能存在模型设定偏误,造成模型推断不可信。

不管是个体效应还是时间效应,这些变量均不可观测,且由于个体数 N 较大,导致引入个体虚拟变量与时间虚拟变量交叉项的方法难以实现。更关键的是,经济问题分析中感兴趣的依然是可观测解释变量的影响效应大小。

为此,我们可以直接假设不可观测个体变量的回归系数是时变的,即采用 Ahn 等(2001)的时变固定效应方法;或者假定共同冲击对个体的影响是有差异的,即建立如下面板数据模型:

$$y_{it} = \mathbf{x}_{it}'\boldsymbol{\beta} + \boldsymbol{\alpha}_i'\boldsymbol{\lambda}_t + e_{it} \tag{1.9}$$

其中,$\mathbf{x}_{it}$ 为 $p \times 1$ 维的可观测解释变量;$\boldsymbol{\alpha}_i$ 为 $r \times 1$ 维不可观测的个体特征变量(如能力、勤奋、动机等),且可能与解释变量 $\mathbf{x}_{it}$(如职位、教育等)相关;多维个体变量 $\boldsymbol{\alpha}_i$ 可以捕捉多种异质性来源,增加了模型设定的灵活性;其系数 $\boldsymbol{\lambda}_t$

衡量了这些不可观测个体特征变量对被解释变量（如收入等）的影响可能随时间发生变化，该模型被称为时变固定效应面板数据模型（Panel Data Model with Time-Varying Individual Effects）。

另一方面，模型（1.9）中的 $\boldsymbol{\lambda}_t$ 也可以表示共同冲击，不同的系数 $\boldsymbol{\alpha}_i$ 表示个体对共同冲击的敏感性不同反应不同，因此该模型也称为面板数据因子模型（Panel Data Factor Model）。由于模型中不可观测的个体异质和时间异质变量是以乘积项（交叉项）的形式加入模型中，因此该模型也被称为交互固定效应面板数据模型（Panel Data model with Interactive Fixed Effects）。

显见，该模型包含了前文介绍的个体固定效应模型、时间固定效应和双向固定效应模型。当 $r=1, \lambda_t = \lambda$ 时，该模型即为个体固定效应模型（1.5）；而当 $r=1$, $\boldsymbol{\alpha}_i = \alpha$ 时，该模型即为时间固定效应模型；当 $r=2, \boldsymbol{\alpha}_i = (\alpha_i, 1)'$, $\boldsymbol{\lambda}_t = (1, \lambda_t)'$ 时，该模型即为双向固定效应模型（1.4）。模型（1.9）推广了加法形式的双向固定效应模型，能够消除随时间和个体变化的形如 $\boldsymbol{\alpha}_i' \boldsymbol{\lambda}_t$ 这样一类遗漏变量的偏误。

下面我们通过具体例子加深对模型（1.9）的理解。考虑教育回报或者收入不平等的研究，y_{it} 表示个人工资，大家熟知的影响因素有教育、经验、任职、性别和种族等。教育回报的研究一直是热点也是难点，关键在于工资也可能依赖于不可观测或者难以度量的个人特征，如天生能力、技能等。如果直接归入随机误差项并且采用 OLS 估计则是非一致的。在教育回报的研究中，学者们尝试寻找教育的工具变量解决内生性问题，如出生季度（Angrist 和 Krueger, 1991）、家离大学的距离、兄弟姐妹的数量等，但很难找到大家都满意的工具变量。另一种可能的方法是建立双向固定效应模型，但该模型隐含假定这些特征不随时间变化，同时所有个体面临不可观测时间冲击时的反应是相同的。而模型（1.9）则允许该不可观测个人特征的影响可以随时间任意变化，如上述例子中不可观测个人技能前的回归系数表示价格，而价格可能随经济状况波动，这更符合现实情况。模型（1.9）中的 $\boldsymbol{\lambda}_t$ 也被称为共同因子，比如日新月异的技术进步，其系数 $\boldsymbol{\alpha}_i$ 表示个人对这种共同技术冲击的敏感性或者反应。模型的更多讨论和应用可参见 Bai（2009）。

1.3.2 参数的估计

有大量的文献研究了模型（1.9）中 β 的估计。一类是大 N 小 T 时短面板模型（1.9）的估计，参见 Ahn 等 (2001, 2013)、Nauges 和 Thomas (2003)、Robertson 和 Srafidis (2015)、Juodis (2018)、Westerlund 等 (2019)、Juodis 和 Sarafidis (2018,

2022)、Kruiniger (2021)、Breitung 和 Hansen (2021)、Sun 和 Huang (2022)，等等。另一类是当大 N 大 T 时长面板模型（1.9）的估计，参见 Pesaran (2006)、Bai (2009)、Bai 和 Li (2014)、Karabyk 等 (2019)，等等。

由于本书讨论的是微观短面板数据，这里简要介绍后续用到的公共相关效应（Common Correlated Effects, CCE）估计方法，详细内容可参见 Pesaran (2006) 和 Westerlund 等 (2019)。由于模型（1.9）中 $\boldsymbol{\lambda}_t$ 与解释变量 $\mathbf{x}_{it}$ 往往相关，因此直接将交互项 $\boldsymbol{\alpha}_i'\boldsymbol{\lambda}_t$ 归入误差项将导致内生性问题。我们需要处理这一项，其中 $\boldsymbol{\lambda}_t$ 的维数 r 未知，不同于双向固定效应模型，我们难以用组内数据变换的方法消去这一项。

由于 $\boldsymbol{\lambda}_t$ 与 $y_{it}, \mathbf{x}_{it}$ 相关，且个体数 $N \to \infty$，CCE 方法的核心思想是用 y_{it} 和 $\mathbf{x}_{it}$ 的截面平均作为 $\boldsymbol{\lambda}_t$ 的代理变量，然后用其替代原模型中的 $\boldsymbol{\lambda}_t$ 导出增广模型（augmented model），最后基于最小二乘方法得到参数 $\boldsymbol{\beta}$ 的一致估计。

下面介绍解释变量严格外生条件下模型（1.9）中 $\boldsymbol{\beta}$ 的 CCE 估计。由于允许 $\boldsymbol{\lambda}_t$ 与 $\mathbf{x}_{it}$ 相关，假设

$$\mathbf{x}_{it} = \mathbf{b}_i + \Gamma_i'\boldsymbol{\lambda}_t + \mathbf{v}_{it} \tag{1.10}$$

其中，$\mathbf{b}_i$ 为 $p \times 1$ 维的未知参数列向量，Γ_i 为 $r \times p$ 维未知参数矩阵，$\mathbf{v}_{it}$ 为 $p \times 1$ 维的随机误差项。

记 $\bar{y}_{wt} = \sum_{i=1}^{N} w_i y_{it}$，$\bar{\mathbf{x}}_{wt} = \sum_{i=1}^{N} w_i \mathbf{x}_{it}$，$w_i, \ i = 1, \cdots, N$，为给定的权重，满足 $\sum_{i=1}^{N} w_i = 1$，如可取 $w_i = \frac{1}{N}, \ i = 1, \cdots, N$，利用（1.9）和（1.10）构建 $\boldsymbol{\lambda}_t$ 的代理变量：

$$\begin{pmatrix} \bar{y}_{wt} \\ \bar{\mathbf{x}}_{wt} \end{pmatrix} = \begin{pmatrix} \boldsymbol{\beta}' \bar{\mathbf{b}}_w \\ \bar{\mathbf{b}}_w \end{pmatrix} + \begin{pmatrix} \boldsymbol{\beta}' \bar{\Gamma}_w' \\ \bar{\Gamma}_w' \end{pmatrix} \boldsymbol{\lambda}_t + \begin{pmatrix} \boldsymbol{\beta}' \bar{\mathbf{v}}_{wt} + \bar{e}_{wt} \\ \bar{\mathbf{v}}_{wt} \end{pmatrix},$$

其中，$\bar{\mathbf{b}}_w = \sum_{i=1}^{N} w_i \mathbf{b}_i$，$\bar{\Gamma}_w = \sum_{i=1}^{N} w_i \Gamma_i$，$\bar{\mathbf{v}}_{wt} = \sum_{i=1}^{N} w_i \mathbf{v}_{it}$，$\bar{e}_{wt} = \sum_{i=1}^{N} w_i e_{it}$。令 $A_w = (\bar{\Gamma}_w \boldsymbol{\beta}, \bar{\Gamma}_w)$，则可得：

$$\boldsymbol{\lambda}_t = (A_w A_w')^{-1} A_w \left\{ \begin{pmatrix} \bar{y}_{wt} \\ \bar{\mathbf{x}}_{wt} \end{pmatrix} - \begin{pmatrix} \alpha + \boldsymbol{\beta}' \bar{\mathbf{b}}_w \\ \bar{\mathbf{b}}_w \end{pmatrix} - \begin{pmatrix} \boldsymbol{\beta}' \bar{\mathbf{v}}_{wt} + \bar{e}_{wt} \\ \bar{\mathbf{v}}_{wt} \end{pmatrix} \right\} \tag{1.11}$$

由于 $N \to \infty$，在误差零条件均值假定下，有 $\bar{\mathbf{v}}_{wt} \overset{P}{\to} \mathbf{0}$，且 $\bar{e}_{wt} \overset{P}{\to} 0$。于是，

$$\boldsymbol{\lambda}_t - (A_w A_w^{'})^{-1} A_w \left\{ \begin{pmatrix} \bar{y}_{wt} \\ \bar{\mathbf{x}}_{wt} \end{pmatrix} - \begin{pmatrix} \alpha + \boldsymbol{\beta}^{'} \bar{\mathbf{b}}_w \\ \bar{\mathbf{b}}_w \end{pmatrix} \right\} \overset{P}{\to} 0.$$

因此，可以利用 $\mathbf{f}_{wt} = (\bar{y}_{wt}, \bar{\mathbf{x}}_{wt}^{'})^{'}$ 作为 $\boldsymbol{\lambda}_t$ 的代理变量。将其代入模型（1.9）得增广模型：

$$y_{it} = \mathbf{x}_{it}^{'} \boldsymbol{\beta} + \boldsymbol{\xi}_i^{'} \mathbf{f}_{wt} + \epsilon_{it} \tag{1.12}$$

其中 ϵ_{it} 是新的误差项。最小化该模型的残差平方和可得：

$$Q(\boldsymbol{\beta}, \boldsymbol{\xi}_1, \cdots, \boldsymbol{\xi}_N) = \sum_{i=1}^{N} \left(Y_i - X_i \boldsymbol{\beta} - F_w \boldsymbol{\xi}_i \right)^{'} \left(Y_i - X_i \boldsymbol{\beta} - F_w \boldsymbol{\xi}_i \right),$$

其中，$Y_i = (y_{i1}, \cdots, y_{iT})^{'}$，$X_i = (\mathbf{x}_{i1}, \cdots, \mathbf{x}_{iT})^{'}$，$F_w = (\mathbf{f}_{w1}, \cdots, \mathbf{f}_{wT})^{'}$。一阶条件可得：

$$\frac{\partial Q}{\partial \boldsymbol{\xi}_i} = -2 F_w^{'} \left(Y_i - X_i \boldsymbol{\beta} - F_w \boldsymbol{\xi}_i \right) = \mathbf{0}.$$

$$\frac{\partial Q}{\partial \boldsymbol{\beta}} = -2 \sum_{i=1}^{N} X_i^{'} \left(Y_i - X_i \boldsymbol{\beta} - F_w \boldsymbol{\xi}_i \right) = \mathbf{0}.$$

由第一个方程可得：

$$\hat{\boldsymbol{\xi}}_i = (F_w^{'} F_w)^{-1} F_w^{'} \left(Y_i - X_i \boldsymbol{\beta} \right).$$

将其代入上述第二个方程，可得 $\boldsymbol{\beta}$ 的估计为：

$$\hat{\boldsymbol{\beta}} = \left(\sum_{i=1}^{N} X_i^{'} M_w X_i \right)^{-1} \sum_{i=1}^{N} X_i^{'} M_w Y_i$$

其中，$M_w = I_T - F_w (F_w^{'} F_w)^{-1} F_w^{'}$，该矩阵满足 $M_w^2 = M_w$ 为幂等对称矩阵；I_T 为 T 阶单位矩阵。该估计事实上是利用代理变量构成的矩阵 M_w，对模型（1.12）进行数据变换，以消除交互效应项：

$$M_w Y_i = M_w X_i \boldsymbol{\beta} + M_w \boldsymbol{\epsilon}_i,$$

其中 $\boldsymbol{\epsilon}_i = (\epsilon_{i1}, \cdots, \epsilon_{iT})^{'}$。该模型就化为一般线性模型，则 $\boldsymbol{\beta}$ 的最小二乘估计为下面目标函数达到最小的最小值点：

$$\sum_{i=1}^{N} \left(Y_i - X_i \boldsymbol{\beta} \right)^{'} M_w \left(Y_i - X_i \boldsymbol{\beta} \right).$$

综上可见，CCE 方法较为简单，不仅适用于大 N 大 T 的情形，也适用于大 N 小 T 的微观短面板情形，参见 Westerlund 等（2018）。而且 CCE 方法也不需要估计 $\boldsymbol{\lambda}_t$ 的维数 r 的取值，只需要 r 满足 $r \leqslant p+1$。

需要指出的是，不同于双向固定效应模型的组内估计方法，模型（1.9）中的 $\mathbf{x}_{it}$ 可以包含可观测个体特征 c_i 和可观测共同因子 d_t，该模型设定使我们可以估计这些可观测个体特征和/或时间特征的影响效应。

1.3.3　模型的应用及问题

尽管交互效应模型相比双向固定效应模型具有更好的灵活性，但由于该模型的估计有一定的难度，且没有现成的软件包供实证应用者直接使用，因此该模型的研究更多集中于大 N 大 T 和大 N 小 T 下参数 $\boldsymbol{\beta}$ 的估计方法及大样本性质的理论研究。实证应用中由于估计软件包受限，其使用远不如双向固定效应模型那样广受欢迎。但事实上，CCE 方法的估计思路非常简单且易于实现，但其标准误的计算不那么容易，可以借助于 bootstrap 的方法得到。

如果不可观测时间效应或者不可观测个体效应与解释变量相关，则只包含两者加法形式的双向固定效应模型的参数估计可能是非一致的。一个典型的例子是施新政等（2019）在研究资本市场配置效率对企业劳动收入份额影响时，仅加入企业固定效应和年份固定效应的双向固定效应模型得到的核心解释变量不显著，而加入城市年份交互固定效应后核心解释变量有显著变化。这里加入更少的城市年份交互效应而非企业年份交互效应的原因在于作者采用分别引入城市和年份虚拟变量的方法进行估计，这相当于在交互效应模型（1.9）添加了约束条件：位于同一城市的不同企业的 α_i 相同，大大降低了不同个体效应 α_i 的取值数量，使我们能够利用虚拟变量的方法估计模型中的未知参数 $\boldsymbol{\beta}$。

1.4　本书主要内容

尽管线性回归模型在解释经济变量间潜在关系方面具有一定的应用价值，但它也存在局限性，因为它忽略了变量之间可能存在的非线性关系。由于非线性形式的多样性，实际操作中又很难确定具体形式。本书概括了作者 10 余年来在探索面板数据回归模型形式及其推断方面的工作,主要内容涵盖了面板数据半参数模型及面板数据非线性模型的建模、方法、理论及应用。建模时始终从实际经济问题定量分析的需求出发,充分考虑面板数据的特点,特别是考虑了面板数据模型中固定效应的设定和处理以缓解遗漏变量偏误。本书还考虑了面板数据交互效应的设定,同时缓解模型设定和遗漏变量偏误,还能够克服经典固定效应面板数据模型处理中无法估计个体时不变解释变量影响效应的不足。鉴于我国常见的微观面板数据集的特点是个体数众多,而观测期数较少,因此本书聚焦于短面板数据的分析。

本书共分为 7 章。第 1 章绪论,主要介绍了一些常见的面板数据集、面板数据的优势、两种常见的面板数据模型,以及概括了本书的研究内容。为了便于读者后续查阅,第 2 章简要概述了后续章节中将要使用的一些关键知识点和方法,主要包括常见的非参数函数估计方法、重要变量的选择方法、最大似然估计的数值解法和间接求解方法,最后还介绍了积分的几种近似计算方法。第 3 章至第 7 章概括了我们在面板数据半参数模型与面板数据非线性模型方面进行的研究工作,每章都引入了一种新的面板数据模型,旨在描述特定问题中经济变量之间的关系。其中,第 3 章至第 5 章中研究的被解释变量是连续型变量,而第 6 章和第 7 章则专注于研究二值因变量,即仅取二个值的离散型被解释变量。

考虑到解释变量对被解释变量的影响可能存在异质性,第 3 章以分析孟加拉国妇女从结婚到首次生育的时间间隔的影响因素入手,引入半变系数面板数据模型。该模型允许解释变量对被解释变量的边际影响表现出异质性,这种异质性效应可以随时间发生变化或是某个连续变量的函数,也可以与模型中的时不变解释变量相关联,显示出相当的灵活性。例如,在实际应用中,我们通常使用交互项来建模解释,而我们的模型设定并未做出如此严格的假设。在实际应用中,边际影响效应也可能是常数。在具体应用中,我们需要确定哪些系数是常数系数,哪些是函数系数。本章将提出采用交叉验证法进行模型选择,可避免进行大量的假设检验,简化模型选择过程。

针对准确测度企业技术效率的问题,第 4 章引入了一种半参数形式的生产函数,该模型融合了非参数模型和参数模型的优势。它不仅能够避免非参数模型的维数灾难问题,还减轻了参数模型设定过于严格可能引发的模型误设风险,特别适用于那些重视准确性而非解释性的效率测算,从而降低效率测算对模型的依赖性。同时,我们考虑到企业技术效率随时间变化的特性和异质性,提出了一种可加面板数据因子模型。更为关键的是,该模型允许无效率项与投入要素之间存在相关性。通过结合现有文献中的因子处理方法和半参数估计方法,我们导出了一种新的企业效率测算方法。基于 1998—2009 年全部制造业企业的面板数据,我们对中国制造业技术效率进行了测算,这为深化改革和促进制造业的升级转型提供了更为准确与客观的实证依据。

半参数模型能够有效地描述经济变量间潜在的非线性关系,在数据的初探性分析阶段,它能提供有关函数形式的宝贵信息。然而,该模型的解释力并不直观。因此,在第 5 章中,我们针对实际经济问题中可能出现的先增后减或者先减后增的影响效应,放松了对倒 U 形或 U 形设定的对称性限制,提出了一种新的连续多门槛面板数据因子模型。与现有的连续门槛回归模型不同,本章所提出的模型允许存在多个门槛值,并且门槛数量是未知的,留待数据来确定。我们将在短面板数据的框架下,探讨模型未知参数的估计问题。模型估计的难点在于两方面:一是交互效应的处理;二是由于模型门槛参数的非线性特点,导致估计缺乏显式解,容易陷入局部最优解。为了解决这一问题,我们借鉴了 Wood(2001)提出的自举重启优化方法。

为了克服模型在解释二值离散型被解释变量方面的局限性,第 6 章和第 7 章深入探讨了二值响应变量的半参数模型及其变量选择问题。第 6 章以验证收入差距对健康影响的实际问题为出发点,探讨是支持收入差距强假说还是收入差距弱假说。为了避免模型设定错误导致的检验结果偏差,本章提出了一种随机效应半参数二值响应模型。该模型不仅深入挖掘了数据中的信息,而且有效防止了模型设定偏误可能导致的感兴趣变量关系估计的非一致性,展现了极大的灵活性。此外,随机效应的引入不仅能够反映未观测到的社区特征变量对响应变量的影响,刻画组内数据的相关性,而且能通过相关随机效应的方法纳入固定效应,降低可能存在的遗漏变量偏误。

先前的章节主要集中在模型的估计上,而对模型具体设定问题的关注较少。第 7 章以收入差距对健康的实际问题为背景,提出了压缩方法来进行模型中变量的选择。在建模初期,为了减少可能的遗漏变量偏差,常常引入大量解释变量。然而,模型中包含无关紧要的变量会显著降低估计和预测的准确性。另一方面,提高模型的预测能力和筛选出重要的解释变量是后续研究的基础。因此,构建一个既包含关键解释变量又能有效获取必要信息的"经济"模型,是我们研究的重点。需要说明的是,第 6 章中的半参数二值响应模型可以利用级数逼近的非参数方法近似化为第 7 章中的模型,因此第 7 章中的变量选择方法适用于第 6 章的模型中参数部分的变量选择研究。

第 2 章

预备知识

为了方便查阅,本章主要介绍后续章节中需要用到的一些知识点和方法。第一节介绍一维非参数回归函数的估计方法,包括局部线性估计、B 样条估计和 Sieve(筛分)估计方法。第二节介绍影响因变量的重要解释变量选择方法,主要介绍 Lasso 和 SCAD 的惩罚压缩方法。第三节介绍难以直接求解最大似然估计时的近似求解方法,包括 Newton-Raphson 的直接优化数值计算方法,和存在或可视为存在缺失数据时的间接优化方法——EM 算法。第四节介绍积分(包括随机变量函数的无条件期望和随机变量函数后验分布的期望)的近似计算方法,主要有蒙特卡罗(Monte Carlo)近似积分法和马尔科夫链-蒙特卡罗(Markov Chain Monte Carlo,MCMC)方法。

2.1 非参数回归函数的估计方法

2.1.1 研究的问题

研究经济变量之间的关系是经济学的核心,这些关系有助于我们理解和预测经济现象,并为政策制定或决策提供科学依据。虽然经济理论往往揭示了变量之间的关系线索,但没有给出具体的数量关系形式。实证分析中,我们往往假定变量之间服从线性模型,这种参数模型的严格限制很可能遭遇模型设定偏误,导致结果不可信。例如,描述家庭收入水平和特定商品与服务消费支出比例关系的恩格尔曲线通常可能不是线性的,有可能是非线性的;其形状可能取决于不同类别商品的性质和消费者行为,理解恩格尔曲线的非线性特性对于经济学分析和政策制定具有重要意义。

非参数模型不预设特定的函数形式,可以自然地捕捉数据中的非线性关系,具有很好的灵活性,能够避免模型误设。这类模型还能够提供模型参数设定是否合理的诊断,帮助建立合适的参数模型,使我们可以在较弱的限制条件(如仅假设回归函数光滑等)下进行推断。

下面的方法适用于半参数模型和非参数模型中非参数部分的估计。兼顾简单,同时又能够揭示非参数函数估计本质的原则,下面以一元非参数回归模型为例进行说明:

$$y_i = f(x_i) + e_i, \ i = 1, \cdots, N. \tag{2.1}$$

其中,$y_i \in R$, $x_i \in R$ 为个体 i 的因变量和解释变量观测,$f(\cdot)$ 为一元未知光滑函数,随机误差 e_i 满足 $E(e_i|x_i) = 0$,这里假定不同的个体是相互独立的。

非参数函数 $f(\cdot)$ 的估计方法有很多种,一类方法事实上可视为"局部"方法,即对某点 x_0,$f(x_0)$ 的估计采用其邻近数据进行估计,这里涉及邻近范围是什么、如何利用邻近数据等;常见方法有核估计、局部多项式估计、k 近邻估计等。还有一种是"全局"方法,试图一次性逼近整个函数曲线,主要有 B 样条估计方法、级数估计方法和 Sieve(筛分)估计方法。关于更全面的非参数回归函数估计方法,可参见 Hardle 和 Linton(1994)。下面主要介绍本书用到的局部线性估计、B 样条估计和 Sieve 估计。

2.1.2 局部线性估计

非参数回归函数 $f(\cdot)$ 的局部线性估计主要包括对 $f(\cdot)$ 进行一阶 Taylor 近似,确定估计的目标函数(如加权残差平方和)。

首先,对函数 $f(\cdot)$ 在点 x_0 的取值 $f(x_0)$,用 x_0 附近的多项式函数去逼近 $f(x_0)$,其中多项式的阶数就是 Taylor 展开的阶数,取决于函数 $f(\cdot)$ 在 x_0 附近的光滑程度。若 $f(\cdot)$ 在 x_0 附近存在连续的 m 阶导数,则可以用 m 阶 Taylor 展开式逼近 $f(x_0)$,即

$$f(x_0) \approx f(x) + \frac{df(x)}{dx}(x_0 - x) + \cdots + \frac{d^m f(x)}{dx^m}(x_0 - x)^m, \tag{2.2}$$

其中 x 在 x_0 附近。

实际中,我们往往假定(2.1)中的回归函数 $f(x)$ 存在连续的一阶导数,即取 $m = 1$,对每个的 x_i,将 $f(x_i)$ 在 x 处进行一阶 Taylor 展开,得:

$$f(x_i) \approx f(x) + \frac{df(x)}{dx}(x_i - x). \tag{2.3}$$

则 $f(x)$ 的局部线性估计是使下面的目标函数达到最小时 $f(x)$ 的取值:

$$\sum_{i=1}^{N} \left\{ y_i - f(x) - \frac{df(x)}{dx}(x_i - x) \right\}^2 K_h(x_i - x). \tag{2.4}$$

其中,$K_h(u) = K(u/h)/h, K(\cdot)$ 为核函数,h 为窗宽。于是,

$$\hat{f}(x) = (1, 0) \left(X^{'}(x) W_{K_h}(x) X(x) \right)^{-1} X^{'}(x) W_{K_h}(x) Y,$$

其中,$X(x) = (X_1(x), \cdots, X_N(x))^{'}, X_i(x) = (1, x_i - x)^{'}, W_{K_h}(x) = \mathrm{diag}(K_h(x_1 - x), \cdots, K_h(x_N - x)), Y = (y_1, \cdots, y_N)^{'}$。

上述局部线性估计需要确定核函数和窗宽,具体讨论如下所述:

1. 核函数的选择

核函数决定了邻近范围数据的权重,满足距离越近权重越大或至少一样的原则。采用哪种核函数对非参数估计的影响并不大,常用的核函数见表2–1。

表 2–1   常用核函数

核函数	$K(\cdot)$ 的表达式
Uniform核函数	$\frac{1}{2} I(\lvert t \rvert \leqslant 1)$
Epanechnikov核函数	$\frac{3}{4}(1 - t^2) I(\lvert t \rvert \leqslant 1)$
Gaussian核函数	$\frac{1}{\sqrt{2\pi}} exp(-\frac{t^2}{2})$

2. 窗宽 h 的选择

窗宽 h 决定了取多大的邻近范围,取决于未知函数的光滑程度。若 $h \to 0$,则只利用了 x 附近的点 x_i 估计 $f(x)$;若 $h \to \infty$,则利用了所有的样本数据,此时如果核函数是均匀核函数,得到的即是 OLS 估计。非参数的估计结果对窗宽 h 较为敏感。实际应用中,主要采用交叉验证法选择最优窗宽。

交叉验证(Cross Validation,简称 CV)是在机器学习建立模型和验证模型参数时常用的办法。交叉验证,顾名思义就是重复的使用数据,把得到的样本数据进

行切分,组合为不同的训练集和测试集,用训练集来训练模型,用测试集来评估模型预测的好坏。在此基础上可以得到多组不同的训练集和测试集,某次训练集中的某样本在下次可能成为测试集中的样本,即所谓"交叉"。

非参数估计的窗宽选择可以采用留一交叉验证法(简称交叉验证),即对于样本容量为 N 的数据集,对应使用 $N-1$ 个个体的数据作为训练集,剩下 1 个个体的数据作为测试集。其基本思想是给定一个窗宽 h,去掉个体 i 的观测 $\{y_i, x_i\}$,用其他 $N-1$ 个个体的数据在给定的窗宽 h 下进行非参数估计,得到回归函数 $f(\cdot)$ 在 x_i 处的估计,记得到的非参数估计为 $\hat{f}^{(-i)}(x_i)$。于是,个体 y_i 的预测值为 $\hat{y}_i^{(-i)}(h) = \hat{f}^{(-i)}(x_i)$,选择最优窗宽 h,使得真实值和预测值之间的误差平方和达到最小:

$$\hat{h} = \arg\min_{h>0} \frac{1}{n} \sum_{i=1}^{n} \left(y_i - \hat{y}_i^{(-i)}(h) \right)^2. \tag{2.5}$$

局部线性估计易于理解且容易实现,适合处理一维或低维的数据,具有良好的理论性质,如有较小的方差和偏差、没有边界效应等。关于局部线性估计更详细全面的讨论,可参见 Fan 和 Gijbels(1996)。

2.1.3 B 样条估计

B 样条估计使用 B 样条(B-splines)函数去近似未知回归函数,B 是基(basis)样条的缩写。B 样条是由一组节点和基函数构成的分段多项式。每个 B 样条基函数在特定区间内非零,在其他区间为零。相比局部线性估计,B 样条在数值计算中具有更高的稳定性,不容易受到噪声的影响;且 B 样条估计能够提供全局平滑性,而局部线性估计主要关注局部拟合,可能在全局范围内不够平滑。此外,在处理全局数据结构和大规模数据时,B 样条估计的计算效率高,相比局部线性估计具有明显的优势。

1. B 样条基函数

B 样条基函数的定义依赖于节点序列和样条的阶数,其中节点的位置和数量决定了 B 样条的灵活性。节点可以是均匀分布,也可以根据数据分布进行选择。B 样条的阶数决定了其平滑程度。常见的阶数包括线性(1 阶)、二次(2 阶)和三次(3 阶)样条。

给定 $m+1$ 个节点 u_j,满足 $u_0 \leqslant u_1 \leqslant \cdots \leqslant u_m$,节点是允许存在重复的,若 u_j 出现了 k 次 $(k>1)$,则称其为 k 重节点。半开区间 $[u_j, u_{j+1})$ 是第 j 个节

点区间;若所有节点是等间距的,即所有节点区间长度相同,则称节点为均匀节点,否则称为非均匀节点。

若已知样条阶数 p,则第 j $(j = 0, 1, \cdots, m)$ 个 p 阶 B 样条基函数,记为 $B_{j,p}(u)$,可以用 Cox-de Boor 递归公式定义:

$$
\begin{aligned}
B_{j,0}(u) &= \left\{ \begin{array}{ll} 1 & u_j \leqslant u < u_{j+1} \\ 0 & \text{otherwise} \end{array} \right. , \\
B_{j,p}(u) &= \frac{u - u_j}{u_{j+p} - u_j} B_{j,p-1}(u) + \frac{u_{j+p+1} - u}{u_{j+p+1} - u_{j+1}} B_{j+1,p-1}(u).
\end{aligned} \tag{2.6}
$$

当节点等距时,称 B 样条为均匀 B 样条,否则为非均匀 B 样条。

上述定义看起来很复杂。下面我们举 0 阶 B 样条($p = 0$,也称为常数 B 样条)和 1 阶 B 样条($p = 1$,线性 B 样条)为例,加强理解。常数 B 样条是最简单的样条,是定义在节点距离上的阶梯函数,即

$$
B_{j,0}(u) = \mathbf{1}(u_j \leqslant u < u_{j+1}), \ j = 0, \cdots, m.
$$

线性 B 样条定义在两个相邻的节点区间上,在节点处连续但不可微,即

$$
B_{j,1}(u) = \left\{ \begin{array}{ll} \dfrac{u - u_j}{u_{j+1} - u_j} & u_j \leqslant u < u_{j+1} \\ \dfrac{u_{j+2} - u}{u_{j+2} - u_{j+1}} & u_{j+1} \leqslant u < u_{j+2} \\ 0 & \text{otherwise} \end{array} \right.
$$

可见,B 样条通过分段多项式和平滑性条件(如节点处的连续性和光滑性),在全局平滑性和局部灵活性之间提供了良好的平衡,具有良好的性质。

2. B 样条估计

有了 B 样条基函数后,我们可以利用 B 样条基函数逼近函数 $f(x)$:$f(x) \approx \sum_{j=0}^{K} \beta_j B_{j,p}(x)$,其中 $K = p + m$,则 B 样条估计由最小化下面的残差平方和得到:

$$
\sum_{i=1}^{N} \left\{ y_i - \sum_{j=0}^{K} \beta_j B_{j,p}(x_i) \right\}^2. \tag{2.7}
$$

于是,

$$
\hat{f}(x) = \sum_{j=0}^{K} \hat{\beta}_j B_{j,p}(x) = \mathcal{B}'(x) \hat{\boldsymbol{\beta}},
$$

其中，$\mathcal{B}(x) = (B_{0,p}(x), B_{1,p}(x), \cdots, B_{k,p}(x))'$，

$$\hat{\beta} = (\mathcal{B}'\mathcal{B})^{-1}\mathcal{B}'Y,$$

$\mathcal{B} = (\mathcal{B}(x_1), \cdots, \mathcal{B}(x_N))'$，$Y = (y_1, \cdots y_N)'$。

B 样条的估计需要确定样条基函数的阶数 p、节点个数 m 以及节点位置。阶数的选择需要考虑回归函数的平滑性，阶数越高，B 样条在节点处的导数阶数越高，拟合的曲线越光滑。3 阶 B 样条通常是一个好的起点，适合大多数应用。节点个数通常根据数据的复杂度来选择。对于复杂数据，需要更多的节点以捕捉数据的细节；对于平滑数据，可以使用较少的节点。个数一般应与样本容量大小成正比。我们可以采用前面选择窗宽时的交叉验证法选择最佳的节点个数和基函数阶数。节点的位置可以选择等间距节点或根据数据分布选择样本分位数作为节点。更多关于 B 样条的详细讨论可参见 Boor(1978)，第 6章。

2.1.4 Sieve 估计

局部线性估计和 B 样条估计适用于一维或者低维数据场合，而 Sieve（筛分）估计可以较好地适应高维数据；且 Sieve 估计可以选择最适合数据特征的基函数，适用于复杂关系，具有极大的灵活性，还能够处理全局结构。事实上，B 样条估计可看作是 Sieve 估计的一种特例。

Sieve 估计的基本思想是将复杂的非参数估计问题分解为一系列逐步逼近的简单问题。具体而言，它通过选择一系列逐步扩展的有限维函数空间（称为筛空间），并在每个空间中求解目标函数的最优化问题估计非参数函数。模型（2.1）中未知函数 $f(x)$ 的 Sieve 估计可以分成如下步骤：

（1）选择基函数：选择一组基函数 $\{\psi_j(x), \ j = 1, 2, \cdots\}$，如线性多项式基函数，傅里叶基函数等。

（2）逐步逼近：在选定的初始基函数集合（构成初始函数空间）中，逐步增加基函数的数量（即扩展函数空间）逼近 $f(x)$，即取 $g(x) \in \mathcal{F}_N$ 逼近 $f(x)$，其中

$$\mathcal{F}_N = \left\{ g(x) : g(x) = \sum_{j=1}^{K_N} b_j \psi_j(x) : \ b_1, \cdots, b_{K_N} \in R \right\}$$

满足当 $N \to \infty$ 时，K_N 缓慢趋向于无穷。

（3）参数估计：对每个基函数集合，最小化下面的残差平方和：

$$\min_{g\in\mathcal{F}_N}\sum_{i=1}^{N}\left\{y_i-g(x_i)\right\}^2=\min_{b_1,\cdots,b_N}\sum_{i=1}^{N}\left\{y_i-\sum_{j=1}^{K_N}b_j\psi_j(x_i)\right\}^2.$$

简单计算可得，在扩展空间 $\mathcal{F}_N$ 中，$f(x)$ 的 Sieve 估计为：

$$\hat{f}(x)=\psi^{K_N}(x)'(\Psi'\Psi)^-\sum_{i=1}^{N}\psi^{K_N}(x_i)y_i,$$

其中，$\psi^{K_N}(x)=(\psi_1(x),\cdots,\psi_{K_N}(x))'$，$\Psi=(\psi^{K_N}(x_1),\cdots,\psi^{K_N}(x_N))'$。$(\Psi'\Psi)^-$ 为 Moore-Penrose 广义逆。通过逐步扩展函数空间 $\mathcal{F}_N$ 并重新估计 $f(x)$，可以达到预定的精度或满足某种准则。若我们使用有限维筛空间近似未知函数 $f(\cdot)$，则使用 Sieve 方法就与使用参数法的非线性估计一样简单。

综上，Sieve 方法涉及选择筛空间和目标函数，其中目标函数可采用所有用于估计非线性模型中参数的目标函数，如非线性最小二乘估计的均方误差目标函数等。筛空间的选择是关键的，对 Sieve 估计的影响很大。我们可以使用基于幂级数、傅立叶级数、样条函数或其他基函数的线性生成空间来构造筛或近似函数空间，参见 Judd（1998）*Numerical Method in Economics* 第 6 章和第 12 章。其选择取决于我们掌握的关于未知函数 $f(\cdot)$ 的先验信息，这些信息可能直接或者间接地来源于经济理论或者计量模型。Sieve 方法可以很容易地通过选择不同的目标函数和筛空间，在未知函数上添加形状、可加性、非负性或者其他约束，例如保形筛可以近似函数的具体形状（凹形等），易于计算。关于 Sieve 估计的理论性质，可参见 Chen（2007）。

2.2　变量选择的方法

2.2.1　待解决的问题

在经济学的研究中，变量关系的探讨对于揭示经济现象的内在机制、预测未来经济走势、为政策制定提供科学依据而言至关重要。随着传感器技术的广泛应用、用户行为的数字化、数据共享、数据开放以及云计算的普及等，共同推动了大数据时代的到来，使我们拥有了海量的数据。如何从众多潜在因素中识别出对经济现象具有关键性影响的变量,有助于帮助我们准确捕捉经济现象的本质,为理解其背后的经济规律提供重要线索。同时,通过合理的变量选择,可以构建一个更为精简、高效的模型。这不仅可以提高模型的解释力,还可以减少计算复杂性和模型过拟合的风险,从而使模型在推断和预测方面更加准确可靠。

以寻找影响股票投资组合收益的因子为例,我们可以找到很多可能影响收益的定价因子,但实际上影响收益的可能只是其中少数几个因子,如李斌等(2019)和姜富伟等(2022)分别从我国 A 股市场中的 94 个因子和 70 个完整定价因子中选出了少数几个重要因子。那么,怎样从个数众多的因子中筛选出影响股票收益的关键因子呢?

这里,我们仅讨论如何基于回归模型选出影响因变量的重要变量。常见的传统变量选择方法有两种:最优子集和逐步回归法。最优子集需要遍历所有可能的变量组合,总共需要拟合 2^p(p 为变量个数)个模型,计算量很大。当 p 很大时,计算不可行。此时可考虑使用逐步回归法进行变量选择,但该方法非常依赖于数据,结果缺乏稳定性。特别是,在解释变量之间存在多重共线性时,逐步回归法会出现问题,导致最终找到的模型可能不是最优模型。

本节将采用惩罚压缩方法进行变量选择,这是一种机器学习的方法。惩罚方法能够同步实现变量选择与系数估计,保留了最优子集选择和岭回归的优良性质。岭回归能够解决解释变量间多重共线性的问题,是一种改良的最小二乘估计法;通过放弃最小二乘法的无偏性,以损失部分信息、降低精度为代价获得回归系数的稳定估计。但岭回归方法没有变量选择的功能,即无法使变量系数的估计恰好等于零,从而实现变量选择的功能。

2.2.2 压缩方法

为了理解方法的本质,下面考虑最简单的多元线性回归模型:

$$y_i = \sum_{k=1}^{p} x_{ik}\beta_k + e_i, \ i = 1, \cdots, N. \tag{2.8}$$

其中,y_i 和 x_{ik} 为标准化的因变量和解释变量;p 是解释变量个数,可以有限,也可以随着样本量的增加趋于无穷;随机误差项 e_i 满足 $E(e_i|x_{i1}, \cdots, x_{ip}) = 0$。假定不同个体 i 之间相互独立。

记 $Y = (y_1, \cdots, y_N)'$, $X = (X_1, \cdots, X_N)'$, $X_i = (x_{i1}, \cdots, x_{ip})'$, $\boldsymbol{\beta} = $

$(\beta_1, \cdots, \beta_p)'$。回归系数的最小二乘估计就是要找到使下面的残差平方和(也称为目标函数)达到最小的 $\beta_1, \cdots, \beta_p$ 的取值:

$$\min_{\beta_1,\cdots,\beta_p} \sum_{i=1}^{N} \left(y_i - \sum_{k=1}^{p} x_{ik}\beta_k \right)^2 = \min_{\boldsymbol{\beta}} (Y - X\boldsymbol{\beta})'(Y - X\boldsymbol{\beta}). \tag{2.9}$$

经计算,得 $\hat{\boldsymbol{\beta}} = (X'X)^{-1}X'Y$。

1. X 列正交时的惩罚目标函数

在残差平方和的目标函数(2.9)中加入惩罚项可得惩罚目标函数:

$$\min_{\beta_1,\cdots,\beta_p} \left\{ \|Y - X\boldsymbol{\beta}\|^2 + \sum_{k=1}^{p} p_\lambda(|\beta_k|) \right\}. \tag{2.10}$$

其中,$\|\cdot\|$ 为向量的 2 范数,$\lambda > 0$ 为调整参数,$p_\lambda(\cdot)$ 为惩罚函数。我们将采用常见的 Lasso(least absolute shrinkage and selection operator,参见 Tibshirani,1996)、自适应 Lasso(参见 Zou,2006)和 SCAD(Smoothly Clipped Absolute Deviation,SCAD)惩罚函数(Fan 和 Li,2001)。

简单记,下面在 X 满足列标准化且列正交下,即 $X'X = I_p$ 的条件下,求解(2.10)的优化解以了解惩罚方法的变量选择功能,即实现将不重要变量系数压缩到零的功能。记 $\hat{Y} = X\hat{\boldsymbol{\beta}} = X(X'X)^{-1}X'Y = XX'Y$。由于

$$
\begin{aligned}
\|Y - X\boldsymbol{\beta}\|^2 + \sum_{k=1}^{p} p_\lambda(|\beta_k|) &= \|Y - \hat{Y}\|^2 + \|\hat{Y} - X\boldsymbol{\beta}\|^2 + \sum_{k=1}^{p} p_\lambda(|\beta_k|) \\
&= \|Y - \hat{Y}\|^2 + \|X'Y - \boldsymbol{\beta}\|^2 + \sum_{k=1}^{p} p_\lambda(|\beta_k|)
\end{aligned}
$$

其中,第一个等号是因为 OLS 的代数性质使交叉项等于零,第二个等号是采用了 X 的列正交性。由于第一项跟参数 $\boldsymbol{\beta}$ 无关,因此当 X 列正交时,(2.10)可以简化为如下的最小化问题:

$$\min_{\beta_1,\cdots,\beta_p} \sum_{k=1}^{p} \left\{ \frac{1}{2}(z_k - \beta_k)^2 + p_\lambda(|\beta_k|) \right\} \tag{2.11}$$

其中 z_k 为 $X'Y$ 的第 k 个元素,是 β_k 的最小二乘估计。由于调整参数 λ 待定,加入 $\frac{1}{2}$ 不会影响最小值点的结果,但会使计算结果更加简洁。

2. Lasso 惩罚方法

下面我们分别求解 L_1 惩罚函数(即 Lasso 和自适应 Lasso)和 SCAD 惩罚函数两种不同函数下(2.11)的优化解。

（1）Lasso 方法的优化求解

采用 Lasso 方法时，即（2.11）中的惩罚项取为 L_1 正则化项，得：

$$\min_{\beta_1,\cdots,\beta_p}\sum_{k=1}^{p}\left\{\frac{1}{2}(z_k-\beta_k)^2+\lambda|\beta_k|\right\} \tag{2.12}$$

由于 $\sum_{k=1}^{p}|\beta_k|=\|\boldsymbol{\beta}\|_1$ 为向量 $\boldsymbol{\beta}$ 的 1 范数，故称为 L_1 惩罚项或正则项。

直接求解（2.12）的最小化问题得：

$$\hat{\beta}_k=\mathrm{sign}(z_k)(|z_k|-\lambda)_+ \tag{2.13}$$

其中，$\mathrm{sign}(\cdot)$ 为符号函数，$z_k>0$ 时取 1，$z_k<0$ 时取 -1，$z_k=0$ 时取 0，$(x)_+=\max\{x,0\}$。显见，当 $|z_k|<\lambda$ 时，$\hat{\beta}_k=0$，此时 $\hat{\beta}_k^{ols}=z_k$。即 Lasso 能够将最小二乘估计较小的系数估计值压缩至零，实现变量选择。同时，给出了非零变量的系数估计，如系数估计为正，则 $\hat{\beta}_k=z_k-\lambda$，而此时的 OLS 估计为 $\hat{\beta}_k^{ols}=z_k$，因此尽管 $\lambda\rightarrow0$，Lasso 方法的估计也是有偏的。

（2）Lasso 方法变量选择的几何理解

（2.12）是带有 KKT 条件（即 Karush-Kuhn-Tucker 条件）的拉格朗日形式，其中 λ 为 KKT 乘子。为了更直观地理解 Lasso 的变量选择功能，我们取 $p=2$，并将（2.12）写成如下形式：

$$\min_{\beta_1,\beta_2}\left\{\frac{1}{2}(\beta_1-z_1)^2+\frac{1}{2}(\beta_2-z_2)^2\right\}$$
$$\text{s.t.}\quad |\beta_1|+|\beta_2|\leqslant t \tag{2.14}$$

其中，s.t. 表示"满足"，t 可以理解为正则化的力度，其大小限制了参数 β_1,β_2 的取值范围。由于有了约束 $|\beta_1|+|\beta_2|\leqslant t$，调整 t 的值，我们能够缩小或者扩大限制范围。当 t 足够大时，该约束不起作用，此时得到的即是 OLS 估计；若 t 较小，则最优解是稀疏的，即有些系数估计值为零，相当于进行了重要特征变量的选择；t 越小对应（2.12）中的 λ 越大，惩罚力度越大，越容易将系数压缩至零。

（2.14）可以理解为，在 $\boldsymbol{\beta}=(\beta_1,\beta_2)'$ 限制的取值范围内，找一个点 $(\hat{\beta}_1,\hat{\beta}_2)$ 使得残差平方和，即 $\left\{\frac{1}{2}(\beta_1-z_1)^2+\frac{1}{2}(\beta_2-z_2)^2\right\}$，达到最小。由于参数的限制范围是方形，是有棱角的，因此最小解更容易在棱角处达到，由此得到某个参数估计为零，如图2-1 所示。图中 β_1 为横坐标，β_2 为纵坐标，z_1 和 z_2 为最小二乘估计（也就是使残差平方和达到最小的全局最优点），$\frac{1}{2}(\beta_1-z_1)^2+\frac{1}{2}(\beta_2-z_2)^2$ 的取值不

同,就构成了不同等圆线,偏离圆心越远取值越大,则与阴影部分的约束范围能够相交的这条等圆线取值是满足约束条件下的最小值,此时 $\hat{\boldsymbol{\beta}}_2 = 0$,即回归系数 β_2 对应的解释变量是无关紧要的,实现了变量的选择。

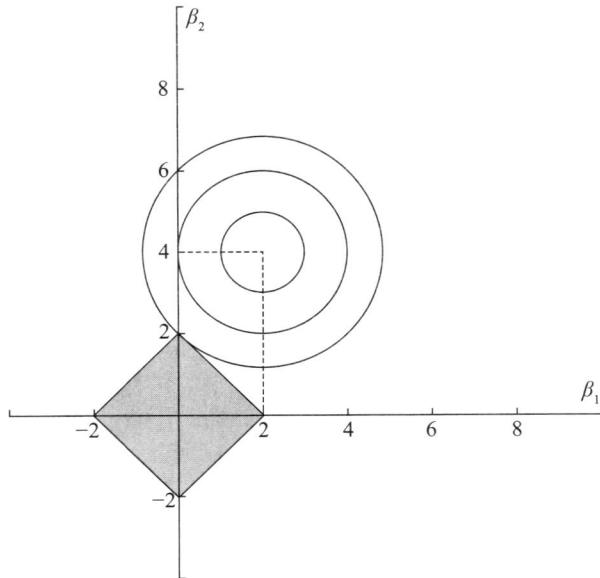

图 2-1　Lasso 的变量选择功能示意图

（3）自适应 Lasso

在（2.12）中,惩罚项均采用相同的调整参数 λ,说明 Lasso 方法对所有参数进行相同的惩罚,因此可能在某些场合下无法得到一致的变量选择。为此,Zou（2006）提出了适应性 Lasso 方法。采用自适应 Lasso 方法时,对不同的参数采用不同的惩罚力度。如果参数取值较大,对应回归变量的影响较大,则惩罚力度较小,而对不重要变量的参数惩罚力度应该加大,这样能确保选出重要的解释变量（Zou,2006）。自适应 Lasso 的惩罚目标函数为:

$$\min_{\beta_1, \cdots, \beta_p} \sum_{k=1}^{p} \left\{ \frac{1}{2}(z_k - \beta_k)^2 + \lambda_k |\beta_k| \right\} \tag{2.15}$$

其中 $\lambda_k(\ k = 1, \cdots, p)$ 表示对不同的系数采用不同的惩罚力度。关于 λ_k 的选取,可以考虑取 $\lambda_k = \lambda / (\hat{\beta}_k^{ols})^2$,保证了当系数估计较大时惩罚较小,且将 p 个调整参数 λ_k 的选取归结到一个调整参数 λ 的选择,方便了调整参数的选取,详细内容可参见 Zou（2006）。

3. SCAD 惩罚方法

（2.10）中 SCAD 的惩罚项取为：

$$\dot{p}_\lambda(\theta) = \lambda\left\{\mathbf{1}(\theta \leqslant \lambda) + \frac{(a\lambda - \theta)_+}{(a-1)\lambda}\mathbf{1}(\theta > \lambda)\right\}$$

其中，$\dot{p}_\lambda(\cdot)$ 为函数 $p_\lambda(\cdot)$ 的一阶导数，$\mathbf{1}(A)$ 为示性函数，当 A 满足时取值为 1；而当 A 不满足时取值为 0，a 是满足 $a > 2$ 的某个常数，$(x)_+ = \max\{x, 0\}$。于是，当 $X'X = I_p$ 时，求解（2.11）得：

$$\hat{\beta}_k = \begin{cases} \text{sign}(z_k)(|z_k| - \lambda)_+, & |z_k| \leqslant 2\lambda \\ \dfrac{\text{sign}(z_k)(|z_k| - a\lambda/(a-1))_+}{1 - 1/(a-1)}, & 2\lambda < |z_k| \leqslant a\lambda \\ z_k, & |z_k| > a\lambda \end{cases} \tag{2.16}$$

与 Lasso 方法的最优解（2.13）的形式相比，多了中间的解。同 Lasso 一样，当最小二乘估计 $\hat{\beta}_k^{ols} = z_k$ 较小时，SCAD 方法的第一段估计能将系数估计压缩至零。但不同于 Lasso，在第三段当最小二乘估计 z_k 较大时，SCAD 得到的系数估计为 z_k，与无偏的最小二乘估计一样；在最小二乘估计介于两者之间的中间段时，SCAD 系数估计降低了 Lasso 估计的偏误。关于 SCAD 方法的详细介绍可参见 Fan 和 Li（2001）。

4. 调整参数 λ 的选择

这里我们简要介绍本书后续用到的二类方法：K 折交叉验证法和信息准则方法。

（1）K 折交叉验证法

本章第一节介绍窗宽选择时，介绍了留一交叉验证法，这里介绍另一种常用的交叉验证法——K 折交叉验证方法，其中留一交叉验证相当于 K= N（样本容量）。将原始数据 Ω 分成 K 组（一般是均分），记这 K 组样本分别是 $N_1, \cdots, N_K$。将每个子集数据 $N_v(v = 1, \cdots, k)$ 分别做一次验证集，其余的 K-1 组子集数据 $\Omega - N_v$ 作为训练集。寻找 λ，使得下面的预测残差平方和达到最小：

$$\text{CV}(\lambda) = \sum_{v=1}^{K} \sum_{(y_i, X_i) \in N_v} \left(y_i - X_i'\hat{\boldsymbol{\beta}}^{(-v)}(\lambda)\right)^2 \tag{2.17}$$

其中，$X_i = (x_{i1}, \cdots x_{ik})'$，$\hat{\boldsymbol{\beta}}^{(-v)}(\lambda)$ 为基于训练集数据 $\Omega - N_v$ 和 λ 得到的（2.10）的压缩估计。

（2）信息准则法

在线性回归模型（2.8）中增加解释变量，相当于增加了模型复杂度，会减少残差平方和，也会导致过拟合现象。针对该问题，贝叶斯信息准则（Bayesian Information Criterion, BIC）引入了与模型中的变量个数 p（等于模型中的参数个数，包括常数项）相关的惩罚项：

$$\text{BIC}(\lambda) = \ln\left(\frac{\text{RSS}(\lambda)}{N}\right) + \frac{\ln N}{N} * p \tag{2.18}$$

其中，$RSS(\lambda) = \sum_{i=1}^{N}\left(y_i - \sum_{i=1}^{p} x_{ik}\hat{\beta}_k(\lambda)\right)^2$ 为残差平方和，$\hat{\beta}_k(\lambda)$ 中加入 λ 是为了强调基于惩罚目标函数 (2.10) 的估计依赖于 λ。因为 $\frac{\ln N}{N} \to 0$，$\frac{\text{RSS}(\lambda)}{N}$ 依概率收敛于建立的模型中随机误差项的方差，故当两个模型存在相当大的差异时，这个差异出现于上式第一项；而当第一项不出现显著性差异时，第二项起作用，从而参数个数少的模型是好的模型。对应 BIC 越小越好。

2.3　最大似然估计的近似求解方法

2.3.1　最大似然估计

最大似然估计（Maximum Likelihood Estimation, MLE）是计量经济学和统计学中的常用估计方法。对于满足经典假设的线性模型而言，随机项服从正态分布，此时我们可以利用最大似然方法得到参数的最大似然估计。为简单记，仅讨论一元线性回归模型：

$$y_i = \beta_0 + x_i\beta_1 + \epsilon_i, \ i = 1, \cdots, N, \quad \epsilon_i|x_i \ \text{i.i.d.} \sim N(0, \sigma^2). \tag{2.19}$$

则 β_0, β_1 的最大似然函数为：

$$L(\beta_0, \beta_1, \sigma^2) = \Pi_{i=1}^{N} f(y_i|x_i) = \Pi_{i=1}^{N} \frac{1}{\sqrt{2\pi\sigma^2}} \exp\left\{-\frac{(y_i - \beta_0 - x_i\beta_1)^2}{2\sigma^2}\right\}.$$

由此得，对数似然函数为：

$$\log L(\beta_0, \beta_1, \sigma^2) = -\frac{N}{2}\log(2\pi) - \frac{N}{2}\log(\sigma^2) - \frac{1}{2\sigma^2}\sum_{i=1}^{N}(y_i - \beta_0 - x_i\beta_1)^2.$$

利用一阶条件得下面的方程组:

$$\sum_{i=1}^{N} (y_i - \hat{\beta}_0 - x_i\hat{\beta}_1) = 0,$$

$$\sum_{i=1}^{N} x_i (y_i - \hat{\beta}_0 - x_i\hat{\beta}_1) = 0,$$

$$-\frac{N}{2\hat{\sigma}^2} + \frac{1}{2(\hat{\sigma}^2)^2} \sum_{i=1}^{N} (y_i - \hat{\beta}_0 - x_i\hat{\beta}_1)^2 = 0.$$

显见，前两个方程与 OLS 估计的正规方程组是一样的，因此回归系数的 MLE 和 OLS 估计是一样的。当随机误差项不满足正态分布时，该最大似然估计则被称为拟似然估计（Quasi-Maximum Likelihood Estimator，QMLE）。

2.3.2 Newton-Raphson 数值迭代方法

当我们利用 probit 和 logit 的二元离散选择模型研究一些决策时，诸如哪些解释变量会影响接受这份工作，哪些解释变量会决定上大学，就无法采用 OLS 估计。此时，一般使用最大似然估计方法。考虑如下简单的 probit 模型:

$$P(y_i = 1 | x_i) = \Phi(\beta_0 + x_i\beta_1), \ i = 1, \cdots, N, \tag{2.20}$$

其中 $\Phi(\cdot)$ 为标准正态的分布函数。该模型也可以表述为如下潜变量模型的形式:

$$y_i^* = \beta_0 + x_i\beta_1 + \epsilon_i, \ \epsilon_i | x_i \sim N(0,1)$$
$$y_i = \mathbf{1}(y_i^* > 0)$$

其中 y_i^* 是无法观测的潜变量。

则 (β_0, β_1) 的对数似然函数为:

$$\log L(\beta_0, \beta_1) = \sum_{i=1}^{N} \left\{ y_i \log[\Phi(\beta_0 + x_i\beta_1)] + (1 - y_i) \log[1 - \Phi(\beta_0 + x_i\beta_1)] \right\}.$$

由一阶条件可得:

$$\sum_{i=1}^{N} \left\{ \frac{y_i \phi(\hat{\beta}_0 + x_i\hat{\beta}_1)}{\Phi(\hat{\beta}_0 + x_i\hat{\beta}_1)} - \frac{(1 - y_i)\phi(\hat{\beta}_0 + x_i\hat{\beta}_1)}{1 - \Phi(\hat{\beta}_0 + x_i\hat{\beta}_1)} \right\} = 0,$$

$$\sum_{i=1}^{N} \left\{ \frac{x_i y_i \phi(\hat{\beta}_0 + x_i\hat{\beta}_1)}{\Phi(\hat{\beta}_0 + x_i\hat{\beta}_1)} - \frac{x_i(1 - y_i)\phi(\hat{\beta}_0 + x_i\hat{\beta}_1)}{1 - \Phi(\hat{\beta}_0 + x_i\hat{\beta}_1)} \right\} = 0,$$

其中 $\phi(\cdot)$ 为标准正态的密度函数。上述方程组是 $\hat{\beta}_0, \hat{\beta}_1$ 的非线性方程组,无法解出精确解(也称为闭合解、解析解),需要采用数值计算的方法近似求解 MLE。

下面简要介绍广泛应用的 Newton-Raphson 迭代方法。

记 $\boldsymbol{\beta} = (\beta_0, \beta_1)'$,设 $\hat{\boldsymbol{\beta}}$ 为上述非线性方程组的根,即:

$$\frac{\partial \log L(\hat{\boldsymbol{\beta}})}{\partial \boldsymbol{\beta}} = \begin{pmatrix} \dfrac{\partial \log L(\hat{\beta}_0, \hat{\beta}_1)}{\partial \beta_0} \\ \dfrac{\partial \log L(\hat{\beta}_0, \hat{\beta}_1)}{\partial \beta_1} \end{pmatrix} = \frac{\partial \log L(\boldsymbol{\beta})}{\partial \boldsymbol{\beta}} \Big|_{\boldsymbol{\beta} = \hat{\boldsymbol{\beta}}} = 0. \tag{2.21}$$

利用一阶条件(2.21)得到的解通常是局部最优的。但对很多模型而言,$\log L(\boldsymbol{\beta})$ 是凹函数,因此局部最优就是全局最优。对式(2.21),在 $\boldsymbol{\beta}$ 处进行一阶 Taylor 展开可得:

$$0 = \frac{\partial \log L(\hat{\boldsymbol{\beta}})}{\partial \boldsymbol{\beta}} \approx \frac{\partial \log L(\boldsymbol{\beta})}{\partial \boldsymbol{\beta}} + \frac{\partial^2 \log L(\boldsymbol{\beta})}{\partial \boldsymbol{\beta} \partial \boldsymbol{\beta}'}(\hat{\boldsymbol{\beta}} - \boldsymbol{\beta}) \tag{2.22}$$

$\boldsymbol{\beta}$ 距离 $\hat{\boldsymbol{\beta}}$ 越近,则近似误差越小。由式(2.22)得:

$$\hat{\boldsymbol{\beta}} \approx \boldsymbol{\beta} - \left(\frac{\partial^2 \log L(\boldsymbol{\beta})}{\partial \boldsymbol{\beta} \partial \boldsymbol{\beta}'}\right)^{-1} \frac{\partial \log L(\boldsymbol{\beta})}{\partial \boldsymbol{\beta}}.$$

由于不知道 $\hat{\boldsymbol{\beta}}$ 及其附近的点 $\boldsymbol{\beta}$,因此采用迭代方法。从挑选的某个初始值 $\boldsymbol{\beta}^{(0)}$ 开始,根据上式计算更新值 $\boldsymbol{\beta}^{(1)}$,假设第 k 步后得到 $\boldsymbol{\beta}^{(k)}$,则第 $k+1$ 步取值为:

$$\boldsymbol{\beta}^{(k+1)} = \boldsymbol{\beta}^{(k)} - \left(\frac{\partial^2 \log L(\boldsymbol{\beta}^{(k)})}{\partial \boldsymbol{\beta} \partial \boldsymbol{\beta}'}\right)^{-1} \frac{\partial \log L(\boldsymbol{\beta}^{(k)})}{\partial \boldsymbol{\beta}} \tag{2.23}$$

反复迭代直至收敛,$\boldsymbol{\beta}^{(\infty)}$ 即是一阶条件的数值近似解,用于估计模型的 MLE。

2.3.3 EM 算法

EM 算法是另一种广泛用于计算 MLE 的间接方法。主要有两种应用场景:第一种情形是当数据由于无法观测、存在缺失时;第二种情形是直接计算 MLE 很复杂,但通过假设隐含或者缺失数据存在时能够极大简化 MLE 的求解。下面我们分别举例进行说明,其中例 1 存在缺失数据,例 2 可人为假定存在缺失数据。

1. 难以直接求解 MLE 的典型例子

例 1（随机效应面板 Probit 模型） 考虑随机效应面板数据的 Probit 模型：

$$P(y_{it} = 1 | x_{i1}, \cdots, x_{iT}, \alpha_i) = \Phi(x_{it}'\boldsymbol{\beta} + \alpha_i), \ i = 1, \cdots, N; \ t = 1, \cdots, T \quad (2.24)$$

其中，y_i 为二值因变量，x_{it} 为解释变量，α_i 为不可观测个体效应，假设 α_i 为随机效应。但事实上，经济学中 α_i 一般与解释变量 $x_{i1}, \cdots, x_{iT}$ 相关，此时可以利用 Mundlak（1978）和 Chamberlain（1984）的投影方法，将 α_i 投影到解释变量的空间上，如：

$$\alpha_i = b_0 + \sum_{t=1}^{T} x_{it}'\boldsymbol{b}_t + v_i$$

其中 v_i 为随机误差项。假设 v_i 与 $x_{i1}, \cdots, x_{iT}$ 独立，将该式代入面板 Probit 模型中，重新定义符号，就可以得到随机效应面板 Probit 模型（2.24）。

我们感兴趣的是参数 $\boldsymbol{\beta}$ 的估计，$\boldsymbol{\beta}$ 的对数似然函数为：

$$\log L(\boldsymbol{\beta}, \sigma_\alpha^2) = \sum_{i=1}^{N} \log \left\{ \int f(y_i | x_{i1}, \cdots, x_{iT}, \alpha_i) g(\alpha_i) d\alpha_i \right\} \quad (2.25)$$

其中，$f(y_i | x_{i1}, \cdots, x_{iT}, \alpha_i) = \Pi_{t=1}^{T} \left\{ [\Phi(x_{it}'\boldsymbol{\beta} + \alpha_i)]^{y_{it}} [1 - \Phi(x_{it}'\boldsymbol{\beta} + \alpha_i)]^{1-y_{it}} \right\}$，$g(\alpha_i)$ 是 α_i 的密度函数。由于对数似然函数中包含积分，即使我们假定 α_i 服从正态分布，我们也难以求解（2.25）中的积分，因此难以直接进行优化求解。若 α_i 可观测，则其可以归入解释变量 x_{it} 中，该对数似然函数就化为了 2.3.2 节中讨论的似然函数，可以利用 Newton-Raphson 数值方法直接求解 MLE。事实上 α_i 是不可观测的个体效应，将其视为缺失数据，可以采用下面介绍的 EM 算法简化 MLE 的求解。

例 2（混合正态分布） 假设样本 $y_1, \cdots, y_N$ 是取自下面混合正态密度函数的独立样本：

$$(1 - \pi)\phi(y; \mu_1, \sigma_1^2) + \pi\phi(y; \mu_2, \sigma_2^2)$$

其中，$\phi(y; \mu, \sigma^2)$ 是均值为 μ，方差为 σ^2 的正态密度函数，$\boldsymbol{\zeta} = (\pi, \mu_1, \mu_2, \sigma_1^2, \sigma_2^2)$ 为待估参数，且 $0 < \pi < 1$。则参数 $\boldsymbol{\zeta}$ 的对数似然函数为：

$$\log L(\boldsymbol{\zeta}) = \sum_{i=1}^{N} \log \left((1 - \pi)\phi(y_i; \mu_1, \sigma_1^2) + \pi\phi(y_i; \mu_2, \sigma_2^2) \right) \quad (2.26)$$

由于对数函数中包含求和,因此难以直接进行优化求解。

这个例子虽然不存在缺失数据,但我们可以人为地引入缺失变量 z_i,该变量为只取二个值的指示变量,$z_i = 1$,表明样本 y_i 取自分布 $\phi(y; \mu_1, \sigma_1^2)$;否则,取 0,表明样本 y_i 取自分布 $\phi(y; \mu_2, \sigma_2^2)$,就可以直接利用 EM 算法进行间接优化求解。引入缺失变量 z_i, $i = 1, \cdots, N$ 后,对数似然函数可以表示为:

$$
\begin{aligned}
\log L(\boldsymbol{\zeta}) &= \sum_{i=1}^{N} \log f(y_i; \zeta) \\
&= \sum_{i=1}^{N} \log \left\{ P(z_i = 1)\phi(y; \mu_1, \sigma_1^2) + P(z_i = 0)\phi(y; \mu_2, \sigma_2^2) \right\}
\end{aligned}
\tag{2.27}
$$

该对数似然函数本质上同(2.25),区别在于(2.25)中的不可观测变量 α_i 是连续型变量,而这里不可观测的变量 z_i 是离散型变量。我们将 α_i 和 z_i 均视为缺失数据,可以利用下面的 EM 算法求解这两种对数似然函数的优化问题。

2. EM 算法

EM 算法是数据存在缺失时,获得 MLE 的一般迭代方法。这里,我们称可观测样本数据 $Y = \{y_1, \cdots, y_N\}$ 为不完全数据;$Z = \{z_1, \cdots, z_N\}$ 为缺失数据,$\mathcal{X} = \{Y, Z\}$ 为完全数据,则完全数据的联合概率密度函数为(如果是连续分布,则为联合密度函数;如果是离散分布,则为联合分布律):

$$
f(\mathcal{X}; \boldsymbol{\theta}) = f(Y, Z; \boldsymbol{\theta}), \quad \text{或者}, \quad f(\mathcal{X}|X; \boldsymbol{\theta}) = f(Y, Z|X; \boldsymbol{\theta})
$$

其中,$\boldsymbol{\theta} \in \Theta$ 为未知参数。左边的式子对应类似例 2 的情形,右边的式子对应类似例 1 的模型,其中 X 为解释变量数据。下面基于右边的式子进行阐述:

定义新的似然函数 $L_c(\boldsymbol{\theta}) = f(Y, Z|X; \boldsymbol{\theta})$,称为完全数据似然函数。由于 Z 缺失,因此该似然函数是随机的。称原来的似然函数 $L(\boldsymbol{\theta})$ 为不完全数据似然函数。EM 算法利用独立完全数据的对数似然函数,间接求解(2.25)的最大化问题,避免了积分计算,即:

$$
\log L(\boldsymbol{\theta}) = \sum_{i=1}^{N} \log f(y_i|x_i; \boldsymbol{\theta}) = \log \int L_c(\boldsymbol{\theta}) dZ = \sum_{i=1}^{N} \log \int f(y_i, z_i|x_i; \boldsymbol{\theta}) dz_i
$$

利用条件概率公式可得:

$$
\begin{aligned}
\log L(\boldsymbol{\theta}) &= \sum_{i=1}^{N} \log \frac{f(z_i|y_i, x_i; \boldsymbol{\theta}) f(y_i|x_i; \boldsymbol{\theta})}{f(z_i|y_i, x_i; \boldsymbol{\theta})} \\
&= \sum_{i=1}^{N} \left\{ \log f(y_i, z_i|x_i; \boldsymbol{\theta}) - \log f(z_i|y_i, x_i; \boldsymbol{\theta}) \right\}
\end{aligned}
$$

由于 $z_i, i = 1, \cdots, N$, 不可观测, 因此, 对上式两边求 z_i 的条件期望, 取其条件密度函数 $f(z_i|y_i, x_i; \boldsymbol{\theta}_0)$, 其中 $\boldsymbol{\theta}_0 \in \Theta$, 得:

$$
\log L(\boldsymbol{\theta}) = Q(\boldsymbol{\theta}, \boldsymbol{\theta}_0) - H(\boldsymbol{\theta}, \boldsymbol{\theta}_0) \tag{2.28}
$$

其中,

$$
Q(\boldsymbol{\theta}, \boldsymbol{\theta}_0) = \sum_{i=1}^{N} E[\log f(y_i, z_i|x_i; \boldsymbol{\theta})|y_i, x_i; \boldsymbol{\theta}_0] = E[\log L_c(\boldsymbol{\theta})|Y, X; \boldsymbol{\theta}_0], \tag{2.29}
$$

$$
H(\boldsymbol{\theta}, \boldsymbol{\theta}_0) = \sum_{i=1}^{N} E[\log f(z_i|y_i, x_i; \boldsymbol{\theta})|y_i, x_i; \boldsymbol{\theta}_0], \tag{2.30}
$$

EM 算法的第一步是计算完全数据对数似然函数当给定观测数据 (Y, X) 时关于不可观测数据 Z 的条件期望 $Q(\boldsymbol{\theta}, \boldsymbol{\theta}_0)$; 第二步计算第一步中条件期望的最大化问题, 反复迭代直至收敛, 就能求得 $\log L(\boldsymbol{\theta})$ 的最大值点。具体的, 假设 $\boldsymbol{\theta}^{(0)}$ 为 $\boldsymbol{\theta}$ 的初始值, EM 算法第 k 步迭代后求得 $\boldsymbol{\theta}^{(k)}$, 则 EM 算法的第 $k+1$ 步迭代包括下面的 2 步:

E(Expection)-step: 计算条件期望

$$
Q(\boldsymbol{\theta}, \boldsymbol{\theta}^{(k)}) = \sum_{i=1}^{N} E[\log f(y_i, z_i|x_i; \boldsymbol{\theta})|y_i, x_i; \boldsymbol{\theta}^{(k)}];
$$

M(Maximization)-step:

$$
\boldsymbol{\theta}^{(k+1)} = \operatorname{argmax}_{\boldsymbol{\theta} \in \Theta} Q(\boldsymbol{\theta}, \boldsymbol{\theta}^{(k)}).
$$

若 M 步没有闭合解, 则可以采用 Newton-Raphson 方法选择 $\boldsymbol{\theta}^{(k+1)}$ 满足

$$
Q(\boldsymbol{\theta}^{(k+1)}, \boldsymbol{\theta}^{(k)}) \geqslant Q(\boldsymbol{\theta}^{(k)}, \boldsymbol{\theta}^{(k)}).
$$

可以证明, 每一次 EM 迭代得到的似然函数值不会下降, 即 $\log L(\boldsymbol{\theta}^{(k+1)}) \geqslant \log L(\boldsymbol{\theta}^{(k)})$ $(k = 0, 1, 2, \cdots)$。关于 EM 算法的收敛可参见 Dempster 等 (1977)。EM 算法的简介可参见 Fahrmeir 和 Tutz(1994) 的附录。

2.4　积分的近似计算方法

在前面的章节中,我们有时需要计算积分,如式(2.25);又比如 EM 算法中计算条件期望 $E[\log L_c(\boldsymbol{\theta})|Y, X; \boldsymbol{\theta}^{(k)}]$,该积分形式为 $\int_{-\infty}^{+\infty} \log f(y, z) f(z|y) dz$,此处略去了参数和解释变量符号。这些积分可能难以计算,这时需要采用数值方法进行近似计算。

本节考虑如下形式的积分:

$$R = E[h(X)] = \int_{-\infty}^{+\infty} h(x) f(x) dx, \quad X \sim f(x), \tag{2.31}$$

其中,X 可以是多维随机变量,$f(x)$ 可以是无条件概率密度函数也可以是条件概率密度函数(EM 算法中对应后验概率分布)。下面介绍蒙特卡罗(Monte Carlo)方法,重点介绍马尔科夫链–蒙特卡罗方法(Markov Chain Monte Carlo, MCMC)计算(2.31)。

2.4.1　Monte Carlo 积分方法

我们介绍如何利用蒙特卡罗方法计算(2.31)中的积分。如果我们能从概率密度函数 $f(x)$ 抽取样本 $x_i, i = 1, \cdots, n$,则 $\hat{R} = \dfrac{1}{n} \sum_{i=1}^{n} h(x_i)$。

这里的关键问题是:我们如何从 $f(x)$ 中抽取样本 $x_i, i = 1, \cdots, n$。如果 $f(x)$ 为正态分布等常见分布,则我们可以利用软件中现成的分布函数直接生成随机样本。如果 $f(x)$ 的形式很复杂(比如 EM 算法中的后验分布)时,上述方法的精度较低。这时,如何进行采样?

重要性抽样(importance sampling)借助了容易抽样的分布 $p(\cdot)$ (proposal distribution) 来解决这个问题,将公式(2.31)改写为:

$$R = \int_{-\infty}^{+\infty} h(x) \frac{f(x)}{p(x)} p(x) dx$$

其中,$p(x)$ 可视为重要性函数,$\dfrac{f(x)}{p(x)}$ 可视为重要性权重。则

$$\hat{R} = \frac{1}{n} \sum_{i=1}^{n} h(x_i) \frac{f(x_i)}{p(x_i)},$$

其中 x_i 为取自分布 $p(x)$ 的样本。上面的式子中 $f(x)$ 和 $h(x)$ 都是已知的,我们需要确定的是 $p(x)$,使得抽样比使用原来的 $f(x)$ 进行抽样更容易更有效。

Ripley（1987）证明了当 $h(x)\dfrac{f(x)}{p(x)}$ 接近于常数时，重要性抽样的效果较好，因此建议抽样分布为：

$$p(x) \propto |h(x)|f(x).$$

且 $p(x)$ 的抽样也要较为容易。

但当 X 的维数较大时，在高维空间中寻找一个合适的 $p(x)$ 非常困难。此时，MCMC 方法是一种简单且行之有效的解决方法。

2.4.2 MCMC 方法

MCMC 方法的基本思想是通过建立一个已知分布 $f(x)$（但形式可能比较复杂）的马尔科夫链来得到 $f(x)$ 的样本 $x_1, \cdots, x_n$，则（2.31）中 R 的估计为：

$$\hat{R} = \frac{1}{n}\sum_{i=1}^{n} h(x_i). \tag{2.32}$$

那么我们如何得到分布 $f(x)$ 的马尔科夫链？为此，我们先介绍马尔科夫链（Markov 链）的概念及 MCMC 方法的理论基础——Markov 链定理。

1. Markov 链

定义（Markov 链） Markov 链假设某一时刻状态转移的概率只依赖于它的前一个状态，而与其它状态无关，即：

$$P(X_{t+1} = x | X_t, X_{t-1}, \cdots) = P(X_{t+1} = x | X_t).$$

下面我们举一个具体的例子说明 Markov 链的状态转移概率及其性质。

例 1. 社会学家经常把人按照其经济状况分成 3 类：低收入阶层、中等收入阶层和高收入阶层，我们分别用 1, 2, 3 代表这三个阶层（状态）。假定从父代到子代，收入阶层的转移概率如表2-2 所示，其中第一行的数字表明如果父代处于状态 1（即低收入阶层）则子代仍然处于状态 1（低收入阶层）的概率是 0.65；子代转移到状态 2（中等收入阶层）的概率为 0.28；子代转移到状态 3（高收入阶层）的概率为 0.07。

由此，我们得到父代到子代的状态转移概率矩阵为：

$$P = \begin{pmatrix} 0.65 & 0.28 & 0.07 \\ 0.15 & 0.67 & 0.18 \\ 0.12 & 0.36 & 0.52 \end{pmatrix} \tag{2.33}$$

表 2-2   父代到子代各阶层的转移概率

	State	子代		
		1	2	3
父代	1	0.65	0.28	0.07
	2	0.15	0.67	0.18
	3	0.12	0.36	0.52

我们假定父代（第 0 代）处于状态 $1, 2, 3$ 的初始概率分布是 $p_0 = (0.21, 0.68, 0.11)$，则子代（第 1 代）处于状态 $1, 2, 3$ 的概率分布为：$p_1 = p_0 * P = (0.252, 0.554, 0.194)$；依次计算（保留三位小数）可得表2-3。

表 2-3   各代处于各阶层的概率分布

第 m 代人	低收入阶层）	中等收入阶层	高收入阶层
0	0.210	0.680	0.110
1	0.252	0.554	0.194
2	0.270	0.512	0.218
3	0.278	0.497	0.225
4	0.282	0.492	0.226
5	0.284	0.490	0.226
6	0.285	0.489	0.226
7	0.286	0.489	0.225
8	0.286	0.489	0.225
9	0.286	0.489	0.225
10	0.286	0.489	0.225
...	...	...	...

由表2-3 可见，第 6 代之后的后代处于三个阶层的概率分布不再发生变化。如果换一个父代处于三个阶层的初始分布，如 $p_0 = (0.3, 0.6, 0.1)$，经计算，经过足够多代的转移后，发现后代处于三个阶层的概率分布依然是同样的概率分布，我们称该分布为平稳分布。该结果是巧合还是一定的呢？Markov 链定理给出了肯定的回答。

2. Markov 链定理

定理（Markov 链定理） 如果一个非周期的 Markov 链具有转移概率矩阵 P，且它的任何两个状态是连通的，则 $\lim\limits_{m \to \infty} P_{ij}^m$ 存在且与 i 无关。记 $\lim\limits_{m \to \infty} P_{ij}^m = p(j)$，

我们有：

$$(1) \quad \lim_{m \to \infty} P^m = \begin{pmatrix} p(1) & p(2) & \cdots & p(j) & \cdots \\ p(1) & p(2) & \cdots & p(j) & \cdots \\ \cdots & \cdots & \cdots & \cdots \\ p(1) & p(2) & \cdots & p(j) & \cdots \\ \cdots & \cdots & \cdots & \cdots \end{pmatrix};$$

(2) $p(j) = \sum\limits_{i=1}^{\infty} p(i) P_{ij}$；

(3) p 是方程 $pP = p$ 的唯一非负解，其中 $p = (p(1), p(2), \cdots, p(j), \cdots)$，且 $\sum\limits_{i=1}^{\infty} p(i) = 1$。

则称 p 为 Markov 链的平稳分布。

注（1）非周期的 Markov 链主要是指 Markov 链的状态转移不是循环的；如果是循环的，则永远不会收敛。幸运的是，我们遇到的 Markov 链一般都是非周期的。

（2）Markov 链的状态数可以是有限的，也可以是无限的，因此可以用于离散概率分布也可以用于连续概率分布。

(3) 这个定理是所有 MCMC 方法的理论基础。

Markov 链定理的启发是：如果我们能够构造一个转移矩阵为 P 的 Markov 链，使得该 Markov 链的平稳分布恰好是 $f(x)$，那么我们可以从任何一个初始状态 x_0 出发，沿着 Markov 链转移，得到一个转移序列 $x_0, x_1, x_2, \cdots, x_m, x_{m+1}, \cdots$。如果 Markov 链在第 m 步收敛，于是我们就得到 $f(x)$ 的样本 $x_m, x_{m+1}, \cdots$，就能得到积分的近似值（2.32）。

3. 细致平稳条件

下面要解决的问题是如何构造转移矩阵 P，才能使得平稳分布恰好是我们要的分布 $f(x)$。

细致平稳条件 如果概率分布 $f(x)$ 是非周期 Markov 链状态转移矩阵 P 的平稳分布，则所有的状态 i, j 均满足：

$$f(i)P(i,j) = f(j)P(j,i),$$

其中，$P(i,j)$ 为状态转移矩阵 P 的第 (i,j) 个元素，指从状态 i 转移到状态 j 的概率。

显然,已知目标平稳分布 $f(x)$,随机找一个状态转移矩阵 Q 是很难满足细致平稳条件的,即

$$f(i)Q(i,j) \neq f(j)Q(j,i) \tag{2.34}$$

那么,如何找到一个转移矩阵 P 满足细致平稳条件呢?MCMC 方法通过将不满足细致平稳条件的转移矩阵 Q 改造成满足细致平稳条件的转移矩阵 P,解决了这个问题。

4. MCMC 采样

通过引入 $a(i,j)$,使(2.34)中的不等式变成等式,从而满足细致平稳条件:

$$f(i)Q(i,j)a(i,j) = f(j)Q(j,i)a(j,i) \tag{2.35}$$

但 $a(i,j)$ 是什么样的呢?事实上,令 $a(i,j) = f(j)Q(j,i), a(j,i) = f(i)Q(i,j)$,则显然式(2.35)成立。然后,取 $P(i,j) = Q(i,j)a(i,j), P(j,i) = Q(j,i)a(j,i)$。于是,原来的具有转移矩阵 Q 的 Markov 链就改造成了满足细致平稳条件的 Markov 链的转移矩阵 P,我们称 $a(i,j)$ 为接受概率。

综上,MCMC 采样算法如下:

(1) 设目标平稳分布为 $f(x)$,输入任意选定的 Markov 链状态转移矩阵 Q,设定状态转移次数阈值为 m_1,需要的样本容量为 m_2;

(2) 挑选任意简单的概率分布采样得到初始状态值 x_0;

(3) 从 $t = 0$ 到 $m_1 + m_2 - 1$:

　　a. 从条件概率分布 $Q(x_t, x)$ 中采样得到样本 y;

　　b. 从均匀分布中采样 $u \sim U[0,1]$;

　　c. 如果 $u < a(x_t, y) = f(y)Q(y, x_t)$,则接受转移,即 $x_{t+1} = y$;否则不接受转移,即 $x_{t+1} = x_t$。

最后得到的样本 $\{x_{m_1}, x_{m_1+1}, \cdots, x_{m_1+m_2-1}\}$ 即是我们需要的平稳分布 $f(x)$ 的样本。不管是离散还是连续分布,上述采样都是有效的。

这里的问题主要是,如果 $a(x_t, y)$ 非常小,比如 0.1, 0.2 等,那么大部分的采样值都将被拒绝转移,导致采样效率较低。Metropolis-Hastings 方法可以提高接受率,取 $a(i,j) = \min \left\{ \dfrac{f(j)Q(j,i)}{f(i)Q(i,j)}, 1 \right\}$。当 X 高维时,计算接受率 $a(i,j)$ 可能

非常耗时,导致抽样效率低下。且当 X 的维度很高时,也难以求出 X 的联合分布。如果高维随机变量联合分布较难获得,且比较容易求得各分量的条件概率分布时,可以采用 Gibbs 抽样的方法,参见 Caselle 和 George(1992)。由于本书涉及的 X 是一维的,因此采用 Metropolis-Hastings 采样方法。关于其详细介绍,可参见 Chib 和 Greenberg(1995)。

第 3 章

一类半变系数面板数据模型
的估计与模型选择研究

3.1 引言

3.1.1 模型的引入

在面板数据分析中，一个常见的假设是各个体具有相同的回归函数，它们之间的差异则通过组内相关性来刻画和解释，这种相关性则是由精心构建的组内协方差矩阵来描述的。关于如何将这一矩阵巧妙地融入估计过程，以优化回归函数的估计，或是如何精准地估计该矩阵本身，学术界进行了深入的探索，如 Chiou 和 Müller（2005）、Hu 等（2004）、Wang（2003）、Wang 等（2005）、Fan 和 Li（2004）、Fan 等（2007）、Fan 和 Wu（2008）以及 Sun 等（2007）的研究。这种方法的本质其实是利用随机效应来阐释个体间的差异性。然而，尽管这种建模策略在面板数据分析中展现出了强大的效能，但在某些情境下，假定所有个体具有相同的回归函数可能显得不合时宜。此时，确定性效应可能成为了解释个体间差异的关键因素。

在经济学领域，个体间的差异往往与解释变量紧密相关。采用固定效应模型能够更有效地缓解遗漏变量偏误，并更贴近现实情况。鉴于本章所提出的模型结构较为复杂，为了简化推断过程，我们可以考虑运用相关随机效应的方法处理固定效应。具体而言，是将固定效应映射到解释变量之上。可参考本书第 1 章 1.2 节的相关随机效应部分内容和第 2 章 2.3 节例 1 中的处理。通过这种方式，固定效应可以转化为随机效应。因此，本章研究的随机效应模型具有普遍适用性。

面板数据的建模方法同样适用于群组数据的分析。让我们通过一个实例来阐释这一点。我们所使用的数据集源自 1996—1997 年孟加拉国的人口与健康调查。该调查采用了两阶段的抽样方法：首先选取群组，然后在这些群组中抽取妇女样本。这里的群组指的是农村的村庄和城市的邻里，统称为社区。我们关注的问题是：哪些因素影响了孟加拉国的生育率，并且这些因素是如何作用于首次生育时间间隔的。我们选取了以下因素进行分析：

（1）妇女的教育水平；

（2）居住地区的类型；

（3）妇女的宗教信仰；

（4）婚姻持续时间；

（5）行政区域。

在这些因素中，居住地区类型和行政区属于群组层面，被称为组变量，而其他因素则被视为个体变量。在面板数据中，对应的变量分别为个体时不变变量，例如性别，以及个体时变变量，如个人收入等。

我们用变量 y 表示研究中的因变量（可以是上述群组数据中的首次生育时间间隔），X 表示个体时变变量（如群组数据中的个体变量），Z 表示个体时不变变量（如群组数据中的组变量）。对于每个个体 i 在第 j 期的观测，我们用 y_{ij} 和 X_{ij} 来表示，其中 $j = 1, \cdots, n_i, i = 1, \cdots, m$，而 Z_i 表示第 i 个个体的时不变个体变量。如果我们使用线性模型来拟合数据，并且仅利用随机效应来解释个体间的差异，这隐含着我们假设所有个体在回归函数中具有相同的系数，等同于假设选定因素的影响对所有个体而言都是相同的。显然，这种假设缺乏说服力。以孟加拉国为例，在分析首次生育间隔时间的影响因素时，我们发现，在穆斯林占主导的群组中，教育的影响与印度教徒占主导的群组存在差异。这表明，在不同群组间的差异中，必然有特定的效应在起作用，在建模时我们必须考虑这些效应。

如果我们仅允许回归系数在个体间存在差异，则可以建立如下模型：

$$y_{ij} = X_{ij}^{'} \mathbf{a}_i + Z_i^{'} \boldsymbol{\beta} + \epsilon_{ij}, \quad j = 1, \cdots, n_i, \ i = 1, \cdots, m. \tag{3.1}$$

虽然考虑了不同个体间影响的差异性，但模型（3.1）的表述并不简约。实际上，(3.1) 中有 $pm + q$ 个回归系数，其中 p 和 q 分别是 X_{ij} 和 Z_i 的维数。当个体数量 m 很大时，模型（3.1）中由于有太多的未知参数，使得我们难以获得准确的估计。在面板数据分析中，我们经常遇到大量的个体，这种设定会在估计量的方差上付出巨大的代价,影响推断的准确性。

3.1.2　本章模型及研究内容

一种明智的方法是使用个体时不变变量对 $\mathbf{a}_i$ 进行建模:

$$
\begin{cases}
y_{ij} & = X_{ij}'\mathbf{a}_i + Z_i'\boldsymbol{\beta} + \epsilon_{ij}, \quad j=1,\cdots,n_i,\ i=1,\cdots,m, \\
\mathbf{a}_i & = \boldsymbol{\alpha}_0 + \mathbf{A}Z_i + \mathbf{e}_i, \quad i=1,\cdots,m,
\end{cases}
\tag{3.2}
$$

其中,$\mathbf{A}=(\boldsymbol{\alpha}_1,\cdots,\boldsymbol{\alpha}_q)$,$\mathbf{e}_i$,$i=1,\cdots,m$,是均值为零的个体效应。该模型同时实现了简约性和个体内相关性,允许个体异质系数。事实上,模型(3.2)中未知系数的数量是 $p(q+1)+q$,这通常远小于 $pm+q$。

随着时间的推移、社会和技术的发展,一些因素的影响可能随时间发生变化,而有些则可能不会随时间发生变化。为了在建模中纳入时间效应对这些影响的作用,并考虑到一些影响可能不会随时间改变,建立如下半变系数面板数据模型:

$$
\begin{cases}
y_{ij} & =X_{ij}'\mathbf{a}_i(U_{ij}) + T_i'\boldsymbol{\beta}_1 + V_i'\boldsymbol{\beta}_2(U_{ij}) + \epsilon_{ij}, \quad j=1,\cdots,n_i,\ i=1,\cdots,m, \\
\mathbf{a}_i(U_{ij}) & =\mathbf{A}(U_{ij})Z_i + \mathbf{e}_i,
\end{cases}
\tag{3.3}
$$

其中 X_{ij} 是 p 维个体时变变量;Z_i 是 q 维个体时不变变量,其第一个元素是 1,表示截距项;U_{ij} 是一个连续变量;

$$
Z_i = (T_i',\ V_i')', \quad \mathbf{A}(U_{ij}) = \begin{pmatrix} A_1 & A_2(U_{ij}) \\ A_3(U_{ij}) & A_4(U_{ij}) \end{pmatrix}
$$

$\boldsymbol{\beta}_1$ 是 k_1 维未知常数向量,$\boldsymbol{\beta}_2(\cdot)$ 是 k_2 维的未知函数向量;A_1 是 $p_1\times q_1$ 的未知常数矩阵,$A_2(\cdot)$,$A_3(\cdot)$ 和 $A_4(\cdot)$ 分别是 $p_1\times q_2, p_2\times q_1$ 和 $p_2\times q_2$ 的未知函数矩阵;ϵ_{ij} 是均值为 0,方差 σ^2 未知的随机误差,独立于 X_{ij},U_{ij} 和 Z_i;$\mathbf{e}_i$,$i=1,\cdots,m$,是均值为 $\mathbf{0}_{p\times 1}$,具有未知协方差矩阵 Σ 的 i.i.d. 随机效应,与 ϵ_{ij},X_{ij},U_{ij} 和 Z_i 独立。我们假定 $(X_{ij}',\ U_{ij})'$,$j=1,\cdots,n_i$,$i=1,\cdots,m$,i.i.d.;Z_i,,$i=1,\cdots,m$,i.i.d.。(3.3)是本章关注的模型。这是一种半变系数模型,是变系数模型的拓展(Xia 和 Li,1999、Fan 和 Zhang,1999、2000、Zhang et al.,2002)。

由于模型(3.3)涉及函数系数和常数系数,事实上,在使用模型(3.3)时,我们必须识别哪些系数是函数的,哪些是常数。在本章中,我们将系统地研究如何使用交叉验证(CV)来识别常数系数,并验证 CV 在这方面表现的优良效果。

本章余下部分的结构安排如下:3.2 节提出了模型(3.3)中未知部分的估计方法。3.3 节将探讨如何运用交叉验证(CV)来确定常数系数。3.4 节将建立所提出的估计量与 CV 方法的渐近性质。3.5 节将通过模拟研究来评估所提出的估计方法和 CV 在模型选择方面的性能。3.6 节将运用所提出的模型和估计方法来分析孟加拉国首次生育时间间隔的数据,并研究在特定群体中选定因素对首次生育时间间隔长度的影响如何随时间演变。关于 3.4 节渐近理论中涉及的符号定义,详见本章附录 A;定理的证明则参见附录 B。

3.2　模型的估计

在估计模型中的常数系数时,我们需要 Σ 和 σ^2 的估计。因此,下面我们首先估计随机效应 $\mathbf{e}_i$ 的协方差矩阵 Σ 和随机误差 ϵ_{ij} 的方差 σ^2。

3.2.1　σ^2 和 Σ 的估计

我们在估计 σ^2 和 Σ 时,将模型(3.3)中的所有回归系数,即无论是常数系数还是函数系数,均视为函数系数。我们这样做的原因有:

(1)事实上,我们并不知道哪些系数是常数。如果我们错误地将一个函数系数当作常数进行处理,那么 σ^2 和 Σ 的估计量会非常差,甚至是不一致的。尽管将常数系数当作函数系数处理可能导致常数系数估计量的方差较大,但这对 σ^2 和 Σ 估计量的影响不大。因为估计常数系数的方差损失将在估计 σ^2 和 Σ 的过程中被消除。

(2)在使用 CV(交叉验证)来识别常数系数时,我们需要为每个候选模型计算 CV,这涉及 σ^2 和 Σ 的估计量。将所有系数都当作函数处理将使我们能够为所有候选模型使用相同的 σ^2 和 Σ 的估计量,而无需付出任何代价。这将大大减少计算量。

基于 Taylor 展开,我们可得:

$$A_k(U_{ij}) \approx A_k(u) + \frac{\partial A_k(u)}{\partial u}(U_{ij} - u), \quad k = 1,\ 2,\ 3,\ 4,$$

$$\boldsymbol{\beta}_l(U_{ij}) \approx \boldsymbol{\beta}_l(u) + \frac{\partial \boldsymbol{\beta}_l(u)}{\partial u}(U_{ij} - u), \quad l = 1, \ 2,$$

其中 U_{ij} 位于 u 的领域内，由此可得如下局部最小二乘目标函数：

$$
\begin{aligned}
L \ = \ & \sum_{i=1}^{m} \sum_{j=1}^{n_i} \Big(y_{ij} - X_{ij}^{'} \Big[\big\{ B + C(U_{ij}-u) \big\} Z_i \Big] - T_i^{'} \big\{ \mathbf{c}_1 + \mathbf{d}_1(U_{ij}-u) \big\} \\
& - V_i^{'} \big\{ \mathbf{c}_2 + \mathbf{d}_2(U_{ij}-u) \big\} \Big)^2 K_h(U_{ij}-u),
\end{aligned} \tag{3.4}
$$

其中，

$$
B = \left(\begin{array}{cc} B_1 & B_2 \\ B_3 & B_4 \end{array} \right), \quad C = \left(\begin{array}{cc} C_1 & C_2 \\ C_3 & C_4 \end{array} \right),
$$

$K_h(\cdot) = K(\cdot/h)/h, h$ 为窗宽，$K(\cdot)$ 为核函数。

关于 B_i, C_i, $i = 1, \ 2, \ 3, \ 4$, 和 $\mathbf{c}_l$, $\mathbf{d}_l$, $l = 1, \ 2$, 最小化 L 得最小值点。$A_i(u)$, $i = 1, \ 2, \ 3, \ 4$, 的初始估计 $\tilde{A}_i(u)$ 是对应于 B_i 的最小值部分，初始估计 $\tilde{\boldsymbol{\beta}}_l(u)$ 是对应于 $\mathbf{c}_l, l = 1, \ 2$, 的最小值部分。

记

$$\mathbf{x}_i = (X_{i1}, \cdots, X_{in_i})^{'}, \quad R_i = \Big(Z_i^{'} \otimes \mathbf{x}_i, \ \mathbf{1}_{n_i} \otimes Z_i^{'} \Big), \quad R = (R_1^{'}, \cdots, R_m^{'})^{'},$$

$$\mathcal{U}_i = \mathrm{diag} \left((U_{11} - u)^i, \cdots, (U_{1n_1} - u)^i, \cdots, (U_{m1} - u)^i, \cdots, (U_{mn_m} - u)^i \right),$$

$$W = \mathrm{diag} \Big(K_h(U_{11}-u), \cdots, K_h(U_{1n_1}-u), \cdots, K_h(U_{m1}-u), \cdots, K_h(U_{mn_m}-u) \Big)$$

$$Y = (y_{11}, \cdots, y_{1n_1}, \cdots, y_{m1}, \cdots, y_{mn_m}), \quad \mathbf{X} = (R, \mathcal{U}_1 R),$$

其中 $\mathbf{1}_d$ 是元素全为 1 的 d 维列向量。记 I_p 是 p 阶单位矩阵，$\mathbf{0}_{p \times q}$ 是 $p \times q$ 阶全零矩阵，

$$H_1 = (I_{p_1}, \mathbf{0}_{p_1 \times p_2}), \quad H_2 = (\mathbf{0}_{p_2 \times p_1}, I_{p_2}), \quad H_3 = \left(\begin{array}{c} I_{q_1} \\ \mathbf{0}_{q_2 \times q_1} \end{array} \right), \quad H_4 = \left(\begin{array}{c} \mathbf{0}_{q_1 \times q_2} \\ I_{q_2} \end{array} \right),$$

$$n = \sum_{i=1}^{m} n_i, \quad l_1 = (p+1)q + q, \quad l_2 = (p+1)q + k_2,$$

$$D_i = (\mathbf{0}_{p \times ((i-1)p)}, \ I_p, \ \mathbf{0}_{p \times ((q-i)p)}), \quad D = (D_1, \cdots, D_q),$$

基于简单计算,可得:

$$
\begin{cases}
\tilde{A}_1(u) = H_1 \mathcal{T} H_3, \quad \tilde{A}_2(u) = H_1 \mathcal{T} H_4, \quad \tilde{A}_3(u) = H_2 \mathcal{T} H_3, \quad \tilde{A}_4(u) = H_2 \mathcal{T} H_4, \\[2mm]
\tilde{\boldsymbol{\beta}}_1(u) = \left(\mathbf{0}_{k_1 \times (pq)}, \ I_{k_1}, \ \mathbf{0}_{k_1 \times l_2} \right) \left(\mathbf{X}' W \mathbf{X} \right)^{-1} \mathbf{X}' W Y, \\[2mm]
\tilde{\boldsymbol{\beta}}_2(u) = \left(\mathbf{0}_{k_2 \times (pq+k_1)}, \ I_{k_2}, \ \mathbf{0}_{k_2 \times (pq+q)} \right) \left(\mathbf{X}' W \mathbf{X} \right)^{-1} \mathbf{X}' W Y,
\end{cases}
$$

$$(3.5)$$

其中,

$$
\mathcal{T} = D \left(I_q \otimes \left\{ \left(I_{pq}, \ \mathbf{0}_{(pq) \times l_1} \right) \left(\mathbf{X}' W \mathbf{X} \right)^{-1} \mathbf{X}' W Y \right\} \right).
$$

令 $\tilde{\mathbf{A}}(U_{ij})$ 表示将 $\mathbf{A}(U_{ij})$ 中的 A_1 替换为 $\tilde{A}_1(U_{ij}), A_i(U_{ij}), i = 2, \ 3, \ 4,$ 替换为 $\tilde{A}_i(U_{ij})$ 后得到

$$
\tilde{\mathbf{a}}_i(U_{ij}) = \mathbf{A}(U_{ij}) Z_i, \quad \hat{\mathbf{a}}_i(U_{ij}) = \tilde{\mathbf{A}}(U_{ij}) Z_i,
$$

$$
\mathbf{r}_i = (r_{i1}, \cdots, r_{in_i})', \quad r_{ij} = y_{ij} - X_{ij}' \tilde{\mathbf{a}}_i(U_{ij}) - T_i' \boldsymbol{\beta}_1 - V_i' \boldsymbol{\beta}_2(U_{ij}),
$$

$$
\hat{\mathbf{r}}_i = (\hat{r}_{i1}, \cdots, \hat{r}_{in_i})', \quad \hat{r}_{ij} = y_{ij} - X_{ij}' \hat{\mathbf{a}}_i(U_{ij}) - T_i' \tilde{\boldsymbol{\beta}}_1(U_{ij}) - V_i' \tilde{\boldsymbol{\beta}}_2(U_{ij}),
$$

$$
\mathbf{x}_i = (X_{i1}, \cdots, X_{in_i})', \quad P_i = \mathbf{x}_i (\mathbf{x}_i' \mathbf{x}_i)^{-1} \mathbf{x}_i'.
$$

从模型(3.3)中,我们得到如下合成线性模型:

$$
\mathbf{r}_i = \mathbf{x}_i \mathbf{e}_i + \boldsymbol{\epsilon}_i, \quad \boldsymbol{\epsilon}_i = (\epsilon_{i1}, \cdots, \epsilon_{in_i})'. \tag{3.6}
$$

该线性模型的残差平方和

$$
\mathrm{rss}_i = \mathbf{r}_i' (I_{n_i} - P_i) \mathbf{r}_i
$$

是估计 σ^2 的原材料。rss_i 的合成自由度为 $n_i - p$。令 RSS_i 为将 rss_i 中的 $\mathbf{r}_i$ 替换为 $\hat{\mathbf{r}}_i$ 后得到的。RSS_i 是 rss_i 的一个自然估计。汇集所有的 $\mathrm{RSS}_i, i = 1, \cdots, m$,自然得到了 σ^2 的估计

$$
\hat{\sigma}^2 = (n - mp)^{-1} \sum_{i=1}^{m} \mathrm{RSS}_i.
$$

最后，我们估计 Σ。由（3.6），得 $\mathbf{e}_i$ 的最小二乘估计为：

$$\tilde{\mathbf{e}}_i = (\mathbf{x}_i'\mathbf{x}_i)^{-1}\mathbf{x}_i'\mathbf{r}_i = \mathbf{e}_i + (\mathbf{x}_i'\mathbf{x}_i)^{-1}\mathbf{x}_i'\boldsymbol{\epsilon}_i.$$

显见，

$$
\begin{aligned}
\sum_{i=1}^m \tilde{\mathbf{e}}_i\tilde{\mathbf{e}}_i' &= \sum_{i=1}^m \mathbf{e}_i\mathbf{e}_i' + \sum_{i=1}^m (\mathbf{x}_i'\mathbf{x}_i)^{-1}\mathbf{x}_i'\boldsymbol{\epsilon}_i\boldsymbol{\epsilon}_i'\mathbf{x}_i(\mathbf{x}_i'\mathbf{x}_i)^{-1} + \sum_{i=1}^m (\mathbf{x}_i'\mathbf{x}_i)^{-1}\mathbf{x}_i'\boldsymbol{\epsilon}_i\mathbf{e}_i' \\
&\quad + \sum_{i=1}^m \mathbf{e}_i\boldsymbol{\epsilon}_i'\mathbf{x}_i(\mathbf{x}_i'\mathbf{x}_i)^{-1}.
\end{aligned}
$$

上式最后两项的阶为 $O_P(m^{1/2})$，可忽略不计。由此得，

$$
\begin{aligned}
m^{-1}\sum_{i=1}^m \mathbf{e}_i\mathbf{e}_i' &\approx m^{-1}\left\{\sum_{i=1}^m \tilde{\mathbf{e}}_i\tilde{\mathbf{e}}_i' - \sum_{i=1}^m (\mathbf{x}_i'\mathbf{x}_i)^{-1}\mathbf{x}_i'\boldsymbol{\epsilon}_i\boldsymbol{\epsilon}_i'\mathbf{x}_i(\mathbf{x}_i'\mathbf{x}_i)^{-1}\right\} \\
&\approx m^{-1}\left\{\sum_{i=1}^m \tilde{\mathbf{e}}_i\tilde{\mathbf{e}}_i' - \sigma^2\sum_{i=1}^m (\mathbf{x}_i'\mathbf{x}_i)^{-1}\right\}.
\end{aligned}
$$

故，我们使用

$$\hat{\Sigma} = m^{-1}\sum_{i=1}^m \hat{\mathbf{e}}_i\hat{\mathbf{e}}_i' - m^{-1}\hat{\sigma}^2\sum_{i=1}^m (\mathbf{x}_i'\mathbf{x}_i)^{-1} \tag{3.7}$$

估计 Σ。在（3.7）中，$\hat{\mathbf{e}}_i$ 是将 $\tilde{\mathbf{e}}_i$ 中的 $\mathbf{r}_i$ 替换为 $\hat{\mathbf{r}}_i$ 后得到的。

3.2.2 回归系数的最终估计

我们首先构建常数系数的估计，然后建立函数系数的估计，其中常数系数的估计基于轮廓似然方法，参见 Fan 和 Huang（2005）。

基于简单计算，（3.3）可以表示为：

$$
\begin{cases}
\tilde{y}_{ij} &= X_{ij}'\mathbf{a}_i^c(U_{ij}) + V_i'\boldsymbol{\beta}_2(U_{ij}) + \epsilon_{ij}, \\
\mathbf{a}_i^c(U_{ij}) &= \mathbf{A}^c(U_{ij})Z_i + \mathbf{e}_i,
\end{cases}
\quad j = 1, \cdots, n_i, \ i = 1, \cdots, m,
\tag{3.8}
$$

其中，

$$\tilde{y}_{ij} = y_{ij} - X_{ij1}'A_1Z_{i1} - T_i'\boldsymbol{\beta}_1, \quad \mathbf{A}^c(U_{ij}) = \begin{pmatrix} \mathbf{0}_{p_1\times q_1} & A_2(U_{ij}) \\ A_3(U_{ij}) & A_4(U_{ij}) \end{pmatrix},$$

X_{ij1} 是 X_{ij} 的前 p_1 个元素构成的列向量。假设 A_1 和 $\boldsymbol{\beta}_1$ 均已知,我们对模型 (3.8)使用局部线性近似方法。由于细节与第3.2.1 节几乎相同,此处省略细节。下面直接给出 $A_i(u), i=2, 3, 4,$ 以及 $\boldsymbol{\beta}_2(u)$ 的结果估计。

对任何矩阵 M,用 $\mathrm{vc}(M)$ 表示将矩阵 M 的列向量简单地堆叠在一起形成的列向量。令 $\mathbf{x}_{i1}$ 表示 $\mathbf{x}_i$ 的前 p_1 列构成的矩阵,Z_{i1} 表示 Z_i 的前 q_1 个分量,

$$\mathbf{x}_i = (\mathbf{x}_{i1}, \mathbf{x}_{i2}), \quad Z_i = (Z'_{i1}, Z'_{i2})', \quad G_i = \left(Z'_{i1} \otimes \mathbf{x}_{i2}, Z'_{i2} \otimes \mathbf{x}_i, \mathbf{1}_{n_i} \otimes V'_i \right),$$
$$d = p_2 q_1 + p q_2 + k_2$$
$$\boldsymbol{\theta}(u) = \left((\mathrm{vc}(A_3(u)))', \left(\mathrm{vc}\left((A'_2(u), A'_4(u))' \right) \right)', \boldsymbol{\beta}_2(u)' \right)'.$$

$\boldsymbol{\theta}(u)$ 的估计为:
$$\tilde{\boldsymbol{\theta}}(u) = (I_d, \mathbf{0}_{d\times d}) \left(\Delta' W \Delta \right)^{-1} \Delta' W \tilde{Y}, \tag{3.9}$$

其中,
$$\Delta = (G, \mathcal{U}_1 G), \quad G = (G'_1, \cdots, G'_m)', \quad \tilde{Y} = Y - \mathbf{F}\mathbf{b}, \quad \mathbf{b} = \left((\mathrm{vc}(A_1))', \boldsymbol{\beta}'_1 \right)',$$
$$\mathbf{F} = \left(F'_1, \cdots, F'_m \right)', \quad F_i = \left(Z'_{i1} \otimes \mathbf{x}_{i1}, \mathbf{1}_{n_i} \otimes T'_i \right).$$

令 Δ_{ij} 和 W_{ij} 分别表示将 Δ 和 W 中的 u 替换为 U_{ij} 后得到的。将 $\mathbf{A}^c(U_{ij})$ 和 $\boldsymbol{\beta}_2(U_{ij})$ 替换为 $\boldsymbol{\theta}(U_{ij})$ 的对应元素,我们得如下合成回归模型:
$$Y - \mathbf{F}\mathbf{b} = \mathbf{S}(Y - \mathbf{F}\mathbf{b}) + \mathbf{r}, \tag{3.10}$$
其中,$\mathbf{r} = (\mathbf{r}'_1, \cdots, \mathbf{r}'_m)'$,

$$\mathbf{S} =$$
$$\begin{pmatrix} \left(Z'_{11} \otimes X'_{112}, Z'_{12} \otimes X'_{11}, V'_1\right) (I_d, \mathbf{0}_{d\times d}) \left(\Delta'_{11} W_{11} \Delta_{11}\right)^{-1} \Delta'_{11} W_{11} \\ \vdots \\ \left(Z'_{11} \otimes X'_{1n_12}, Z'_{12} \otimes X'_{1n_1}, V'_1\right) (I_d, \mathbf{0}_{d\times d}) \left(\Delta'_{1n_1} W_{1n_1} \Delta_{1n_1}\right)^{-1} \Delta'_{1n_1} W_{1n_1} \\ \vdots \\ \left(Z'_{m1} \otimes X'_{m12}, Z'_{m2} \otimes X'_{m1}, V'_m\right) (I_d, \mathbf{0}_{d\times d}) \left(\Delta'_{m1} W_{m1} \Delta_{m1}\right)^{-1} \Delta'_{m1} W_{m1} \\ \vdots \\ \left(Z'_{m1} \otimes X'_{mn_m2}, Z'_{m2} \otimes X'_{mn_m}, V'_m\right) (I_d, \mathbf{0}_{d\times d}) \left(\Delta'_{mn_m} W_{mn_m} \Delta_{mn_m}\right)^{-1} \Delta'_{mn_m} W_{mn_m} \end{pmatrix},$$

X_{ij2} 是 X_{ij} 的最后 p_2 个元素组成的列向量。将加权最小二乘估计运用于模型（3.10），其中权重

$$\Lambda = \mathrm{diag}\left(\mathbf{x}_1 \hat{\Sigma} \mathbf{x}_1^{'}, \cdots, \mathbf{x}_m \hat{\Sigma} \mathbf{x}_m^{'} \right) + \hat{\sigma}^2 I_n,$$

于是，$\mathbf{b}$ 的最终估计为：

$$\hat{\mathbf{b}} = \left\{ \mathbf{F}^{'}(I_n - \mathbf{S})^{'} \Lambda^{-1}(I_n - \mathbf{S})\mathbf{F} \right\}^{-1} \mathbf{F}^{'}(I_n - \mathbf{S})^{'} \Lambda^{-1}(I_n - \mathbf{S})Y. \tag{3.11}$$

用 $\hat{\mathbf{b}}$ 替换（3.9）中的 $\mathbf{b}$，且将窗宽 h 改为大一点的窗宽 h_1，我们得到了 $\boldsymbol{\theta}(u)$ 的最终估计：

$$\hat{\boldsymbol{\theta}}(u) = (I_d, \ \mathbf{0}_{d\times d}) \left(\Delta^{'} W_1 \Delta \right)^{-1} \Delta^{'} W_1 \left(Y - \mathbf{F}\hat{\mathbf{b}} \right), \tag{3.12}$$

其中 W_1 是将 h 替换为 h_1 后的 W。

由下面3.4 节中得到的渐近性质，我们可以看出，常数系数估计的最优窗宽小于函数系数的窗宽，这就是为什么我们在利用（3.9）构造函数系数估计时需要将 h 替换为稍微大一点的窗宽 h_1。

3.3　模型的选择

在这一节中，我们将给出用于模型选择的交叉验证（CV）方法。由于计算所有可能模型的 CV 涉及的计算量太大，无法完成，我们将介绍两种算法来减轻计算负担。

3.3.1　准则

假设（3.3）是真实的模型。对每个 i，$i = 1, \cdots, m$，我们删掉第 i 个个体后，利用其他个体估计 $\mathbf{A}(\cdot), \boldsymbol{\beta}_1, \boldsymbol{\beta}_2(\cdot), \Sigma$ 和 σ^2，得到的 $\mathbf{A}(\cdot), \boldsymbol{\beta}_1, \boldsymbol{\beta}_2(\cdot), \Sigma$ 和 σ^2 的估计分别记为 $\hat{\mathbf{A}}^{\backslash i}(\cdot), \hat{\boldsymbol{\beta}}_1^{\backslash i}, \hat{\boldsymbol{\beta}}_2^{\backslash i}(\cdot), \hat{\Sigma}^{\backslash i}$ 和 $\hat{\sigma}^{2\backslash i}$。则交叉验证平方和定义为：

$$\mathrm{CV} = m^{-1} \sum_{i=1}^{m} \tilde{\mathbf{r}}_i^{'} \left(\mathbf{x}_i \hat{\Sigma}^{\backslash i} \mathbf{x}_i^{'} + \hat{\sigma}^{2\backslash i} I_{n_i} \right)^{-1} \tilde{\mathbf{r}}_i, \tag{3.13}$$

其中，

$$\tilde{\mathbf{r}}_i = (\tilde{r}_{i1}, \cdots, \tilde{r}_{in_i})^{'}, \quad \tilde{r}_{ij} = y_{ij} - X_{ij}^{'} \hat{\mathbf{A}}^{\backslash i}(U_{ij}) Z_i - T_i^{'} \hat{\boldsymbol{\beta}}_1^{\backslash i} - V_i^{'} \hat{\boldsymbol{\beta}}_2^{\backslash i}(U_{ij}).$$

选择使 CV 达到最小的模型。

3.3.2　算法

记 L 为模型中系数的个数,模型中所有系数组成的向量记为:

$$\boldsymbol{\alpha}(\cdot) = \Big(\alpha_1(\cdot),\ \cdots,\ \alpha_L(\cdot)\Big),$$

并将系数 $\alpha_{i_l}(\cdot)$, $l = 1,\ \cdots,\ k$,为函数系数而其他为常数系数的模型记为 $\{i_1,\ \cdots,\ i_k\}$。我们下面介绍 CV 的两种算法。

1. 后向消除法

(1) 我们从完整的模型 $\{1,\ \cdots,\ L\}$ 开始,基于(3.13)计算 CV。我们记完整模型为 $\mathcal{M}_L$,其 CV 为 CV_L。

(2) 假设某步的模型为 $\mathcal{M}_k = \{i_1,\ \cdots,\ i_k\}$。我们定义 $\mathcal{M}_{k-1}$ 为下面模型

$$\{i_1,\ \cdots,\ i_{j-1},\ i_{j+1},\ \cdots,\ i_k\},\quad j = 1,\ \cdots,\ k.$$

中 CV 最小的模型。

我们使用 CV_k 表示模型 $\mathcal{M}_k$ 的 CV,用(3.13)进行计算。若 $\mathrm{CV}_k < \mathrm{CV}_{k-1}$,则选择的模型是 $\mathcal{M}_k$,模型选择结束;否则,计算 $\mathcal{M}_{k-2}$ 和 CV_{k-2},继续该过程直至某个 l 满足 $\mathrm{CV}_l < \mathrm{CV}_{l-1}$ 或者 $l = 0$。

2. 均值差异法

我们首先将所有 $\alpha_i(\cdot)$, $i = 1,\ \cdots,\ L$ 均视为函数系数进行估计,然后计算

$$S_i = \sum_{k=1}^{m}\sum_{l=1}^{n_k}\{\hat{\alpha}_i(U_{kl}) - \bar{\alpha}_i\}^2,\quad \bar{\alpha}_i = n^{-1}\sum_{k=1}^{m}\sum_{l=1}^{n_k}\hat{\alpha}_i(U_{kl}),\quad i = 1,\ \cdots,\ L.$$

从小到大排列 S_i, $i = 1,\ \cdots,\ L$。假设

$$S_{i_1} \leqslant \cdots \leqslant S_{i_L}.$$

计算模型集 $\{i_k,\ \cdots,\ i_L\}$ 从 $k = 1$ 到转折点 k_0 的 CV 值,其中 CV 值开始增加。选定的模型则是 $\{i_{k_0},\ \cdots,\ i_L\}$。

3.4　渐近性质

在本节中,我们将介绍所提出的估计量和交叉验证(CV)的渐近性质。在本章中,对于任何矩阵 C,我们使用 $C > 0$ 表示 C 是正定的,使用 $C \geqslant 0$ 表示 C 是半正定的。又记 $\mu_2 = \int t^2 K(t) dt$ 和 $\nu_0 = \int K^2(t) dt$。

3.4.1　假设条件

为了建立估计量和 CV 的理论性质,下面我们首先列出定理成立的条件:

(1) 函数 $K(t)$ 是具有有限支撑集的对称有界密度函数。

(2) $E\epsilon_{11}^4 < \infty$,　$E\|\mathbf{e}_1\|^4 < \infty$,存在某个 $s > 0$,有 $E\|Z_1\|^{2(2+s)} < \infty$,$E\|X_{11}\|^{2(2+s)} < \infty, E(\|Z_1\|^{2(2+s)}\|X_{11}\|^{2(2+s)}) < \infty, \max_{1 \leqslant i \leqslant m} E\|\Lambda_{0i}^{-1}\|^{2(2+s)} < \infty$,其中 $\Lambda_{0i} = \mathbf{x}_i \Sigma \mathbf{x}_i' + \sigma^2 I_{n_i}$,当 $\mathbf{d}$ 是向量时 $\|\mathbf{d}\|$ 表示欧几里得范数,$\mathbf{d}$ 是矩阵时 $\|\mathbf{d}\|$ 表示 Frobenius 范数。

(3) U 的边缘密度 $f(\cdot)$ 在其紧致支撑集上连续为正。

(4) $A_k(\cdot)$, $k = 2, 3, 4$, 和 $\boldsymbol{\beta}_2(\cdot)$ 具有连续二阶导数。

(5) $E\{R_{11} R_{11}' | U_{11} = u\}$ 是连续函数,其中 R_{11} 是 R_1' 的第一列。进一步,假设 $E\{R_{11} R_{11}' | U_{11} = u\}$ 是正定的。

(6) n_i, $i = 1, \cdots, m$, 有限, $n \to \infty$, $h \to 0$, $h_1 \to 0, nh^2 \to \infty, nh_1^2 \to \infty$, $nh^8 \to 0$.

(7) $E\left\{R_{ij} R_{il}' [\Lambda_{0i}^{-1}]_{jl} | U_{ij} = u\right\}$, $j, l = 1, \cdots, n_i, i = 1, \cdots, m$, 连续,其中 R_{ij} 为 R_i' 的第 j 列, $[\Lambda_{0i}^{-1}]_{jl}$ 是 Λ_{0i}^{-1} 的第 (j, l) 个元素。

(8) $E\{X_{11}' \Sigma X_{11} R_{11} R_{11}' | U_{11} = u\}$ 连续, 对 $r \neq l$, $E[X_{il}' \Sigma X_{ir} R_{il} R_{ir}' | U_{il} = u, U_{ir} = v], r, l = 1, \cdots, n_i, i = 1, \cdots, m$ 连续。

3.4.2　渐近理论

定理 1　在条件(1)—(7)下,当 $nh^4 \to 0$ 时,我们有

$$n^{\frac{1}{2}}\{\hat{\mathbf{b}} - \mathbf{b}\} \xrightarrow{D} N\left(\mathbf{0}, \Pi_1^{-1} + \Pi_1^{-1}\Pi_2\Pi_1^{-1}\right),$$

其中,$\Pi_1 > 0, \Pi_2 \geqslant 0$,符号定义见附录 A。

由定理 1 可以看出,为了使常数系数的估计量达到 $n^{-1/2}$ 的收敛速率,我们必须选择窗宽 $h = o(n^{-1/4})$,这比函数系数估计的最优窗宽阶数高。

定理 2 在条件(1)—(8)下,当 $nh_1^5 = O(1)$ 和 $h/h_1 \to 0$,我们有

$$\sqrt{nh_1 f(u)} \left\{ \hat{\boldsymbol{\theta}}(u) - \boldsymbol{\theta}(u) - \frac{1}{2}\mu_2 h_1^2 \ddot{\boldsymbol{\theta}}(u) \right\}$$

$$\xrightarrow{D} N\left(\mathbf{0}, \ \nu_0 \{\Omega_1(u)^{-1}\Omega_2(u)\Omega_1(u)^{-1} + \sigma^2 \Omega_1(u)^{-1}\} \right),$$

其中,$\ddot{\boldsymbol{\theta}}(u)$ 表示 $\boldsymbol{\theta}(u)$ 的二阶偏导数,$\Omega_i(u) > 0, i = 1, \ 2$,符号定义见附录 A。

Zhang 和 Lee(2000)推导出了标准变系数模型中函数系数的渐近分布。将它们的结果与定理 2 进行比较,我们很容易地发现,本章提出的函数系数估计量的渐近分布与当常数系数已知时获得的函数系数估计量的渐近分布相同。

在接下来的部分中,我们将给出当工作模型是真实模型时 CV 的渐近形式。

定理 3 当工作模型是真实模型时,在条件(1)—(8)下,若 $n^{\frac{1}{2}}h_1^3 \to 0, h/h_1 \to 0$,和 $\{nh_1\}^{\frac{1}{2}}h^2 \to 0$,我们有

$$\mathrm{CV} = m^{-1}\sum_{i=1}^{m} \mathbf{r}_i' \Lambda_i^{-1}\mathbf{r}_i + \frac{1}{4}\mu_2^2 h_1^4 \pi_1 + \frac{\nu_0}{mh_1}\{\sigma^2\lambda_1 + \lambda_2\} + o_P\left\{h_1^4 + \frac{1}{mh_1}\right\},$$

其中 $\pi_1 > 0, \lambda_1 > 0, \lambda_2 > 0, \Lambda_i > 0$,符号定义见附录 A。

下面,我们将展示当工作模型错误地将一些常数系数视为函数时 CV 的渐近形式。在不失一般性的情况下,我们假设 A_1 对角线上的第一个元素被错误地视为函数系数。

定理 4 当工作模型将 A_1 第一个对角线的元素错误地视为函数系数时,在条件(1)—(8)下,当 $n^{\frac{1}{2}}h_1^3 \to 0, h/h_1 \to 0, \{nh_1\}^{\frac{1}{2}}h^2 \to 0$ 时,我们有

$$\mathrm{CV} = m^{-1}\sum_{i=1}^{m} \mathbf{r}_i' \Lambda_i^{-1}\mathbf{r}_i + \frac{1}{4}\mu_2^2 h_1^4 \pi_1 + \frac{\nu_0}{mh_1}\{\sigma^2\lambda_1^{(1)} + \lambda_2^{(1)}\} + o_P\left\{h_1^4 + \frac{1}{mh_1}\right\},$$

其中,$\lambda_1^{(1)} > 0, \lambda_2^{(1)} > 0$,符号定义见附录 A。

注释 1 可以证明 $\lambda_1^{(1)} - \lambda_1 > 0$ 和 $\lambda_2^{(1)} - \lambda_2 > 0$，参见附录 A。这，连同定理 3 和定理 4 一起表明，当工作模型错误地将一个常数系数当作函数处理时，CV 的增量可以检测到数量级 $O(\{mh_1\}^{-1})$。

　　下面，我们将展示当工作模型错误地将某些函数系数视为常数时 CV 的渐近形式。在不失一般性的情况下，我们假设 $A_2(\cdot)$ 的第 $(1,1)$ 个元素被错误地视为常数系数。

定理 5 当工作模型错误将 $A_2(\cdot)$ 的第 $(1,1)$ 元素视为常数系数时，在条件（1）—（8）下，我们有

$$\mathrm{CV} = m^{-1} \sum_{i=1}^{m} \mathbf{r}_i' \Lambda_i^{-1} \mathbf{r}_i + \pi_2 + o_P(1).$$

其中 $\pi_2 > 0, \pi_2 = O(1)$，符号定义见附录 A。

注释 2 比较定理 5 和定理 3，我们可以看出，当工作模型错误地将一些函数系数当作常数处理时，CV 的增加可以检测到数量级 $O(1)$。

3.5　模拟研究

　　在本节中，我们将使用一个模拟例子评估本章提出的估计方法以及 CV 的后向消除算法在模型选择中的工作效果，均值差异算法的结果类似。估计中涉及的核函数采用的是 Epanechnikov 核，即 $K(t) = 0.75(1 - t^2)_+$。当假设所有系数都是函数系数时，利用交叉验证选择窗宽。

3.5.1　数值模拟例子

　　我们从模型（3.3）中生成数据，其中 $p_1 = p_2 = q_1 = q_2 = k_1 = k_2 = 1$，

$$A_1 = 5, \quad A_2(U) = -9U(1 - U), \quad A_4(U) = 3\sin(2\pi U),$$

$$A_3(U) = 3.5 \left[\exp\left\{ -(3U - 1)^2 \right\} + \exp\left\{ -(4U - 3)^2 \right\} \right] - 1.5,$$

$$\beta_1 = 3, \quad \beta_2(U) = 3\sin\left(6\pi (U - 0.5)^2 \right).$$

设个体数 $m = 120$。对每一个个体，观测期数 n_i 的生成方式为：3+ 二项分布 $B(5, 0.5)$。$U_{ij}, j = 1, \cdots, n_i, i = 1, \cdots, m$，是从均匀分布 $U[0, 1]$ 中独立抽取的。X_{ij} 的每个元素，$j = 1, \cdots, n_i, i = 1, \cdots, m$，是从均匀分布 $[-1, 1]$ 上独立生成的；Z_i 的每个元素，$i = 1, \cdots, m$，是从均匀分布 $[-1, 1]$ 独立生成的。随机效应 $\mathbf{e}_i, i = 1, \cdots, m$，独立取自均值为零，协方差矩阵为 Σ 的二维正态分布，随机误差 $\epsilon_{ij}, j = 1, \cdots, n_i, i = 1, \cdots, m$，独立取自正态分布 $N(0, \sigma^2)$。我们设 $\sigma^2 = 1$，

$$\Sigma = \begin{pmatrix} \sigma_{11} & \sigma_{12} \\ \sigma_{12} & \sigma_{22} \end{pmatrix} = \begin{pmatrix} 3 & 1 \\ 1 & 2.5 \end{pmatrix}.$$

3.5.2　模拟结果

我们进行了 100 次模拟，并使用均方误差（MSE）和平均积分均方误差（MISE）来评估常数系数和函数系数估计的准确性。表3-1列出了 A_1、σ^2 和 Σ 估计的 MSEs，结果显示我们的估计非常准确。我们还计算了函数系数 $A_j(\cdot)$（$j = 2, 3, 4$）和 $\beta_2(\cdot)$ 的 MISEs，见表3-1。从表3-1 中，我们可以看到我们的函数系数估计也表现得非常好。

表 3–1　　　　　　　　　　　估计的 MSEs 和 MISEs

参数	真值	EST	MSE	函数	$MISE$
A_1	5	4.98	1.6×10^{-4}	$A_2(\cdot)$	0.45
β_1	3	3.01	1.0×10^{-5}	$A_3(\cdot)$	0.45
σ^2	1	1.04	1.14×10^{-5}	$A_4(\cdot)$	0.46
σ_{11}	3	2.59	6.96×10^{-4}	$\beta_2(\cdot)$	0.35
σ_{22}	2.5	2.12	5.67×10^{-4}		
σ_{12}	1	0.73	2.59×10^{-4}		

参数列是未知参数，真值列是未知参数的真实值，EST 列是从具有中位表现的模拟中获得的未知参数估计量，MSE 列是未知参数估计量的均方误差，函数列是未知函数，$MISE$ 列是未知函数估计量的平均积分平方误差。

为了更清楚地展示我们估计的准确性，我们选取了 100 次模拟中表现中等的一次结果，表3-1 中报告了常数系数的估计值，函数系数的估计值见图3-1。从图3-1和表3-1中，我们可以看到估计值确实不错。

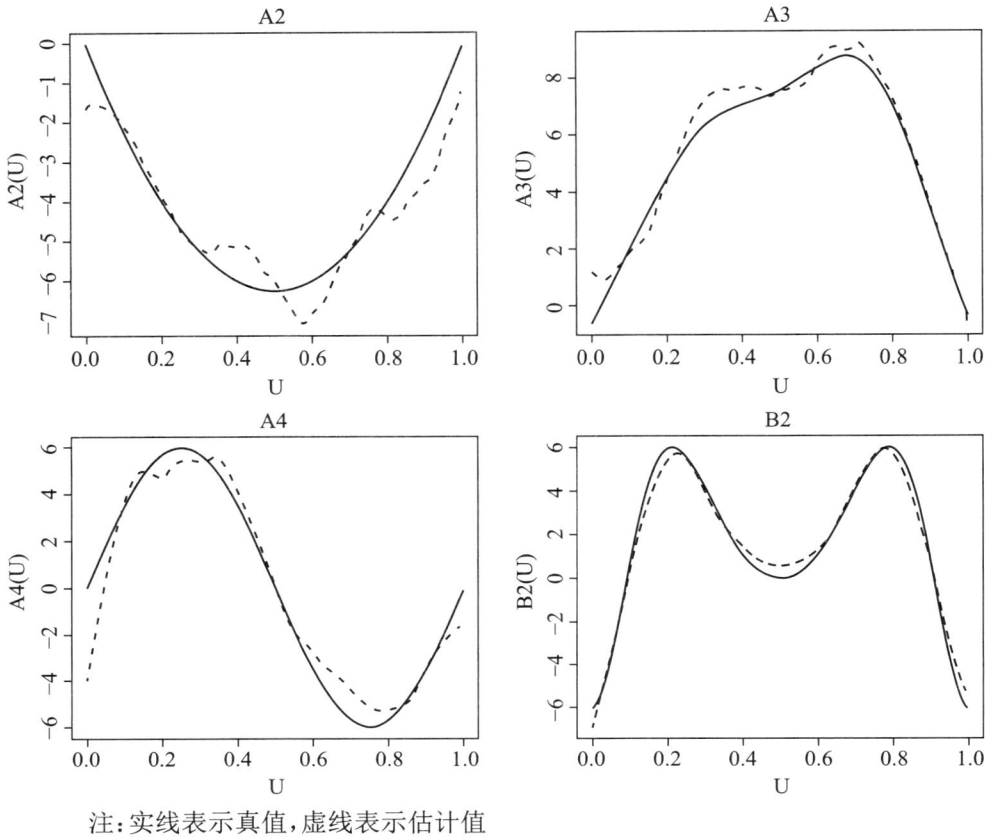

注：实线表示真值，虚线表示估计值

图 3-1　非参数估计

我们还验证了提出的交叉验证（CV）的后向消除算法在模型选择中的表现。结果显示，在 100 次模拟中，CV 有 92 次选对了正确的模型，这表明采用后向消除算法的 CV 模型选择效果相当不错。

3.6　孟加拉国首次生育时间间隔的分析

3.6.1　样本数据及来源

数据来源于 1996—1997 年的孟加拉国人口与健康调查（BDHS）（Mitra 等，1997），这是一个横截面、全国代表性的调查，调查对象为年龄在 10 ~ 49 岁的已婚妇女。分析基于 8 189 名妇女的样本，这些妇女位于 296 个初级抽样单位或群组内,群组样本大小从 16 岁到 58 岁不等。我们通过拟合一个两级模型来考虑数据的层次结构,其中第一级为妇女个人,嵌套在第二级的群组内。另一个层次是行政划分;孟加拉国被划分为六个行政区域,分别是巴里萨尔、吉大港、达卡、库尔纳、拉杰沙希和锡尔赫特。由于只有六个区域,因此在模型中通过引入固定效应二值虚拟变量来表示这一层次的效应。

因变量 y_{ij} 是第 i 个群组中第 j 位女性从结婚到第一次生育之间的月份持续时间。一小部分女性(占总样本的 0.6%)报告了婚前生育,我们在分析中剔除了这些数据。当在 BDHS 中询问女性第一次婚姻的日期时,目的是收集她开始与丈夫同居的年龄。一些年长的女性报告了她们正式结婚的年龄,在孟加拉国可能发生在非常小的年龄,有时在成年之前(Mitra 等,1997)。因此,我们假设最小有效的结婚年龄为 12 岁,由此计算第一次生育时间间隔。样本中最年轻的生育年龄是 12 岁,这被认为是女性可以生育的最小年龄。

我们考虑了几个通常在孟加拉国与生育率相关联的解释变量。选定的个体水平解释变量包括妇女的教育水平(x_{ij1})(未受教育编码为 0,小学或中学及以上编码为 1),宗教(x_{ij2})(穆斯林编码为 1,印度教或其他编码为 0)。另一个个体水平的协变量是结婚年份(U_{ij})。我们还考虑了两个群组水平变量、行政区域和居住地区类型。我们将农村作为基准,城市与农村群组之间的差异通过虚拟变量(z_{i2})建模。我们将巴里萨尔作为基准,巴里萨尔与吉大港、巴里萨尔与达卡、巴里萨尔与库尔纳、巴里萨尔与拉杰沙希、巴里萨尔与锡尔赫特之间的差异分别通过虚拟变量 $z_{i3}, \cdots, z_{i7}$ 建模。我们设 $z_{i1} = 1$,即模型中包含截距项。

我们用提出的模型(3.3)拟合数据,其中 $X_{ij} = (x_{ij1}, \ x_{ij2})'$,$Z_i = (z_{i1}, \cdots, z_{i7})'$。估计中涉及的核函数仍然采用 Epanechnikov 核函数,当所有系数为函数系数时,利用交叉验证法选择窗宽。

3.6.2　模型及结果

我们利用提出的 CV 准则,结合后向消除法识别系数是否为常数,得到下面的最佳模型:

$$
\begin{cases}
y_{ij} & = \ X_{ij}' \mathbf{a}_i(U_{ij}) + Z_i' \boldsymbol{\beta}(U_{ij}) + \epsilon_{ij}, \\
\mathbf{a}_i(U_{ij}) & = \ \mathbf{A}(U_{ij}) Z_i + \mathbf{e}_i,
\end{cases}
\quad j = 1, \cdots, n_i, \ i = 1, \cdots, m,
$$

$$(3.14)$$

其中

$$\mathbf{A}(U_{ij}) =$$
$$\begin{pmatrix} \alpha_{11} & \alpha_{12} & \alpha_{13}(U_{ij}) & \alpha_{14}(U_{ij}) & \alpha_{15} & \alpha_{16}(U_{ij}) & \alpha_{17} \\ \alpha_{21}(U_{ij}) & \alpha_{22}(U_{ij}) & \alpha_{23}(U_{ij}) & \alpha_{24}(U_{ij}) & \alpha_{25}(U_{ij}) & \alpha_{26}(U_{ij}) & \alpha_{27}(U_{ij}) \end{pmatrix}$$

和

$$\boldsymbol{\beta}(U_{ij}) = \Big(\beta_1(U_{ij}),\ \beta_2,\ \beta_3,\ \beta_4,\ \beta_5(U_{ij}),\ \beta_6,\ \beta_7(U_{ij}) \Big)'.$$

我们用提出的估计方法建立未知常数或者函数系数的估计。函数系数估计结果见图 3-2 和图 3-3，常数系数的估计见表 3-2。

表 3-2　　　　　　　　　　　　常数系数估计

系数	估计值
α_{11}	0.053
α_{12}	−0.036
α_{15}	−0.067
α_{17}	0.050
β_2	−0.069
β_3	−0.015
β_4	0.026
β_6	0.034

在图 3-3 中，我们观察到函数 $\beta_1(\cdot)$ 的估计值，也就是截距，反映了首次生育时间间隔长度的趋势，随着时间的推移而减少。这一现象主要归因于孟加拉国初婚年龄的上升。一项于 1996—1997 年对孟加拉国妇女进行的代表性调查显示，当时年龄在 45 ~ 49 岁的受访者中，初婚的中位年龄为 13.3 岁，相比之下，年龄在 20 ~ 24 岁的受访者初婚的中位年龄则为 15.3 岁。首次生育的年龄增长相对缓慢，在 45 ~ 59 岁的女性中，首次生育的中位年龄为 16.9 岁，而较年轻的群体则为 18.4 岁。这些关于初婚年龄和首次生育年龄的趋势表明，首次生育时间间隔的长度随着时间的推移而缩短。

表 3-2 显示 β_2 的估计值为负，这表明孟加拉国农村地区的女性相较于城市

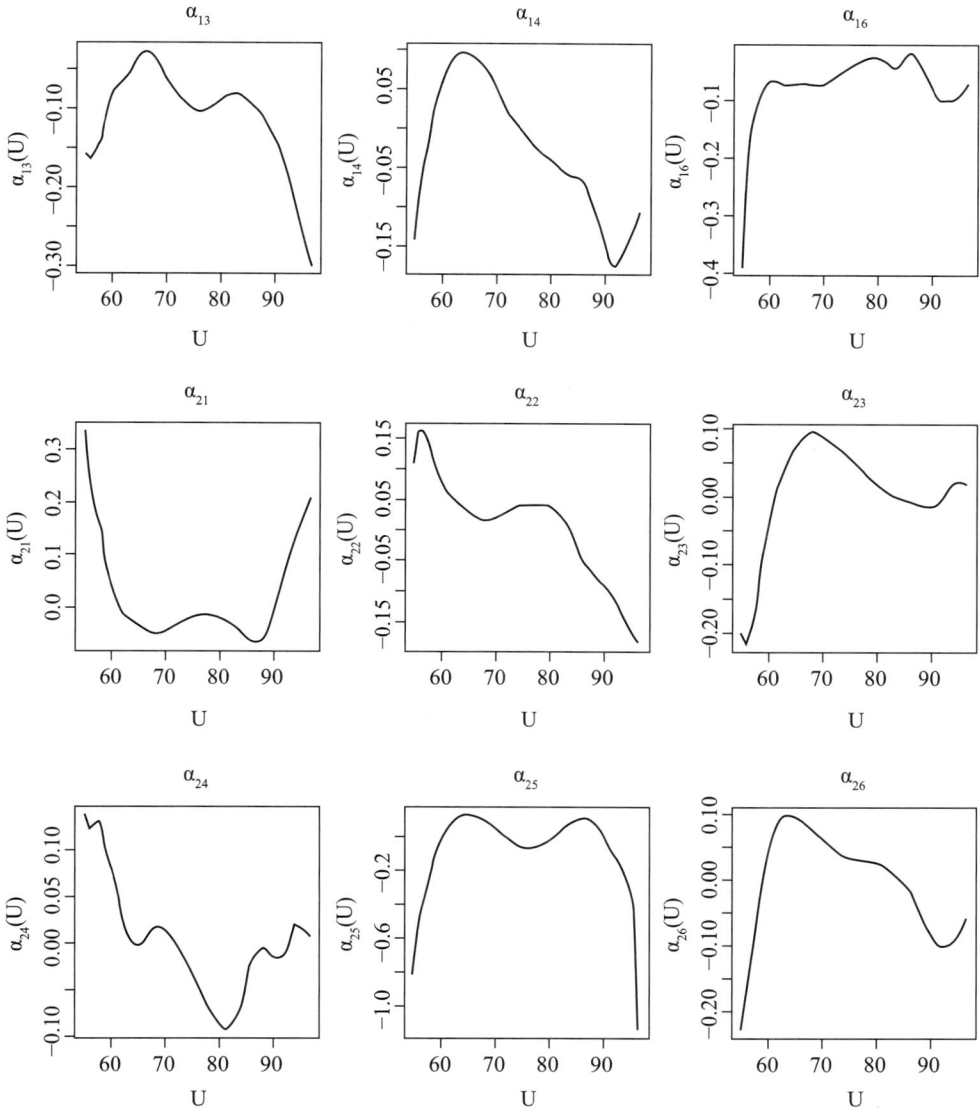

图 3-2　函数系数估计

地区的女性,首次生育的时间间隔更长。这一现象可能部分归因于农村地区的女性更倾向于报告她们的正式结婚年龄而非同居年龄。对于这些女性,从 12 岁开始计算至首次生育的时间可能在一定程度上人为地扩大了她们的生育间隔。

表 3-2 同样显示了 β_4 和 β_6 的估计值为正,这表明达卡和拉杰沙希地区的女性的首次生育时间间隔比巴拉索尔的要长。此外,β_6 的估计值进一步表明,拉杰

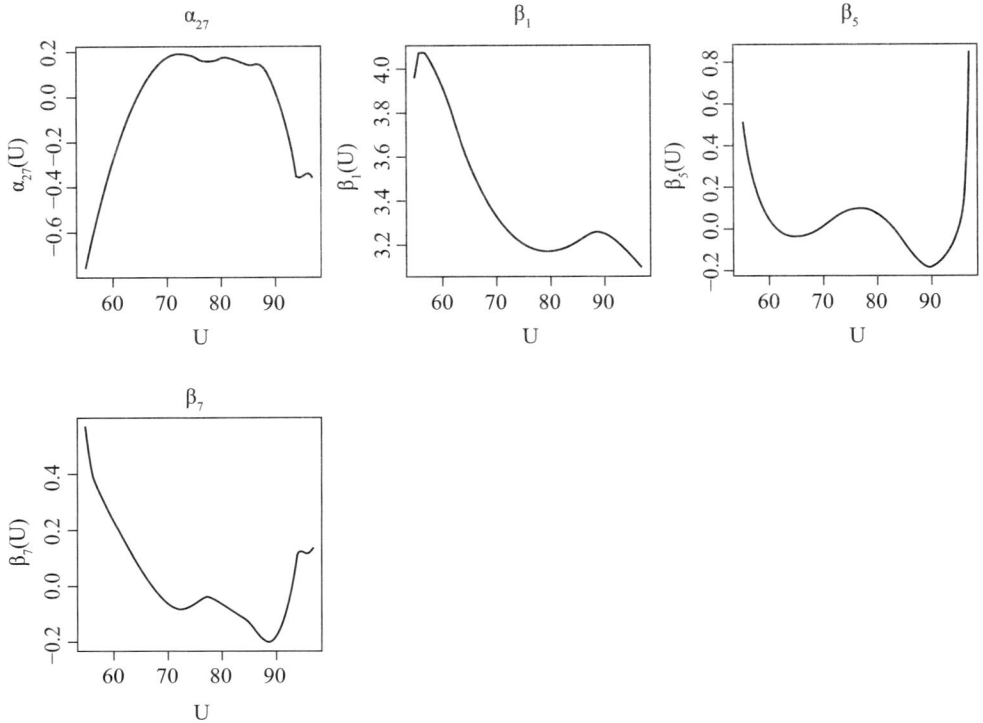

图 3-3 函数系数估计

沙希地区的女性的首次生育时间间隔在所有地区中是最长的。

库尔纳的区域效应（$\beta_5(\cdot)$）随时间的推移而变化，锡尔赫特的（$\beta_7(\cdot)$）亦然。我们可以清晰地观察到这种变化的动态模式，如图3-3 所示。

假设 $\hat{\mathbf{A}}(u)$ 是将 $\mathbf{A}(u)$ 中的每个元素替换为其估计值。在特定的群体中，例如第 i 个群组，个体水平的解释变量对首次生育时间间隔长度的估计影响可以通过以下公式得到：

$$\hat{\mathbf{a}}_i(u) = \hat{\mathbf{A}}(u) Z_i$$

以吉大港农村地区的一位妇女为例，其教育影响的估计值可以表示为：

$$\hat{\alpha}_{11} + \hat{\alpha}_{13}(u)$$

其中 u 代表时间。在建模区域效应时，我们选取巴里萨尔作为基准。从图3-3 可以发现，函数 $\hat{\alpha}_{13}(u)$ 主要取负值，这暗示了吉大港地区的教育影响相较于巴里萨尔来说较小。

附录 A: 定理中的符号

这部分包含了3.4 节中定理 1—5 中涉及的符号。

定理 1 中的符号: 为了清晰地呈现定理 1 中 Π_1 和 Π_2 的表达式, 我们首先引入以下符号:

$$\Omega_1(u) = E[G_{11}G_{11}'|U_{11} = u], \quad \Omega_3(u) = E[G_{11}F_{11}'|U_{11} = u],$$

$$Q_{ij}' = F_{ij}' - G_{ij}'\Omega_1(U_{ij})^{-1}\Omega_3(U_{ij}), \quad Q_i' = (Q_{i1}, \cdots, Q_{in_i}),$$

其中, F_{ij} 是 F_i' 的第 j 列, $j = 1, \cdots, n_i, i = 1, \cdots, m$。

容易看出, 条件(1)—(7)保证了以下极限存在且有限:

$$\Pi_1 = \lim_{n \to \infty} n^{-1} \sum_{i=1}^{m} E[Q_i'\Lambda_{0i}^{-1}Q_i], \quad \Pi_2 = \lim_{n \to \infty} n^{-1} \sum_{i=1}^{m} E[\Gamma_i'\Lambda_{0i}\Gamma_i],$$

其中, $\Gamma_{ij}' = G_{ij}'\Omega_1(U_{ij})^{-1}\tilde{\Gamma}(U_{ij}), \Gamma_i = (\Gamma_{i1}, \cdots, \Gamma_{in_i})'$,

$$\tilde{\Gamma}(u) = \lim_{n \to \infty} n^{-1} \sum_{i=1}^{m} \sum_{j=1}^{n_i} \sum_{l=1}^{n_i} E\left\{G_{ij}Q_{il}'[\Lambda_{0i}^{-1}]_{jl}|U_{ij} = u\right\}.$$

定理 2 中的符号: $\Omega_1(u)$ 的定义同定理 1,

$$\Omega_2(u) = E[X_{11}'\Sigma X_{11}G_{11}G_{11}'|U_{11} = u].$$

定理 3 中的符号:

$$\Lambda_i = \mathbf{x}_i\hat{\Sigma}^{\backslash i}\mathbf{x}_i' + \hat{\sigma}^{2\backslash i}I_{n_i}, \ i = 1, \cdots, m, \quad \pi_1 = m^{-1} \sum_{i=1}^{m} E\{\gamma_{1i}'\Lambda_{0i}^{-1}\gamma_{1i}\},$$

其中, $\boldsymbol{\gamma}_{1i} = (G_{i1}'\ddot{\boldsymbol{\theta}}(U_{i1}), \cdots, G_{in_i}'\ddot{\boldsymbol{\theta}}(U_{in_i}))'$,

$$\lambda_1 = n^{-1} \sum_{i=1}^{m} \sum_{j=1}^{n_i} E\left\{f(U_{ij})^{-1}G_{ij}'\Omega_1(U_{ij})^{-1}G_{ij}[\Lambda_{0i}^{-1}]_{jj}\right\},$$

$$\lambda_2 = n^{-1} \sum_{i=1}^{m} \sum_{j=1}^{n_i} E\left\{f(U_{ij})^{-1}G_{ij}'\Omega_1(U_{ij})^{-1}\Omega_2(U_{ij})\Omega_1(U_{ij})^{-1}G_{ij}[\Lambda_{0i}^{-1}]_{jj}\right\},$$

其中, $[\Lambda_{0i}^{-1}]_{jj}$ 是 Λ_{0i}^{-1} 的第 j 个对角元素。

定理 4 中的符号：

$$\lambda_1^{(1)} = n^{-1} \sum_{i=1}^{m} \sum_{j=1}^{n_i} E\left\{ f(U_{ij})^{-1} \left(G_{ij}^{'}, Z_{i11} X_{ij11} \right) \Psi_1(U_{ij})^{-1} \left(G_{ij}^{'}, Z_{i11} X_{ij11} \right)^{'} [\Lambda_{0i}^{-1}]_{jj} \right\},$$

$$\lambda_2^{(1)} = n^{-1} \sum_{i=1}^{m} \sum_{j=1}^{n_i} E\left\{ f(U_{ij})^{-1} \left(G_{ij}^{'}, Z_{i11} X_{ij11} \right) \Psi^*(U_{ij}) \left(G_{ij}^{'}, Z_{i11} X_{ij11} \right)^{'} [\Lambda_{0i}^{-1}]_{jj} \right\},$$

其中，$\Psi^*(U_{ij}) = \Psi_1(U_{ij})^{-1} \Psi_2(U_{ij}) \Psi_1(U_{ij})^{-1}$,

$$\Psi_1(u) = \begin{pmatrix} \Omega_1(u) & \Upsilon_1(u) \\ \Upsilon_1(u)^{'} & \rho_1(u) \end{pmatrix}, \quad \Psi_2(u) = \begin{pmatrix} \Omega_2(u) & \Upsilon_2(u) \\ \Upsilon_2(u)^{'} & \rho_2(u) \end{pmatrix},$$

$$\Upsilon_1(u) = E[G_{11} Z_{111} X_{1111} | U_{11} = u], \quad \rho_1(u) = E[\{Z_{111} X_{1111}\}^2 | U_{11} = u],$$

$$\Upsilon_2(u) = E[X_{11}^{'} \Sigma X_{11} G_{11} Z_{111} X_{1111} | U_{11} = u],$$

$$\rho_2(u) = E[X_{11}^{'} \Sigma X_{11} \{Z_{111} X_{1111}\}^2 | U_{11} = u],$$

其中，Z_{111} 和 X_{1111} 分别表示 Z_{11} 和 X_{111} 的第 1 个元素。

定理 5 中的符号：用 $A_{2(1,1)}$ 表示工作模型中将 $A_2(\cdot)$ 的第 $(1,1)$ 个元素错误地当成常数的项。记 $\tilde{G}_{ij}$ 为 G_{ij} 中删去第 $(p_2 q_1 + 1)$ 个元素的列向量，$\tilde{F}_{ij} = (F_{ij}^{'}, Z_{i21} X_{ij11})^{'}$，其中 Z_{i21} 是 Z_{i2} 的第 1 个元素，

$$\tilde{\Omega}_1(u) = E[\tilde{G}_{11} \tilde{G}_{11}^{'} | U_{11} = u], \quad \tilde{\Omega}_3(u) = E[\tilde{G}_{11} \tilde{F}_{11}^{'} | U_{11} = u],$$

$$\Upsilon_4(u) = E[\tilde{G}_{11} Z_{i21} X_{ij11} | U_{11} = u], \quad \gamma_{2i} = (\gamma_{2i1}, \cdots, \gamma_{2in_i})^{'},$$

其中，

$$\gamma_{2ij} = \left[Z_{i21} X_{ij11} - \tilde{G}_{ij}^{'} \tilde{\Omega}_1(U_{ij})^{-1} \Upsilon_4(U_{ij}) \right] \{A_{2(1,1)}(U_{ij}) - A_{2(1,1)}\}.$$

此外，我们假设下面的极限存在且有限：

$$\Upsilon_5 = \text{plim}_{m \to \infty} m^{-1} \sum_{i=1}^{m} \tilde{Q}_i^{'} \Lambda_{0i}^{-1} \gamma_{2i}, \quad \Pi_3 = \text{plim}_{m \to \infty} m^{-1} \sum_{i=1}^{m} \tilde{Q}_i^{'} \Lambda_{0i}^{-1} \tilde{Q}_i,$$

其中，"plim" 表示依概率收敛，$\tilde{Q}_i$ 是 Q_i 中的 $F_{ij}, \Omega_3(\cdot), \Omega_1(\cdot)$ 和 G_{ij} 分别替换为

$\tilde{F}_{ij}, \tilde{\Omega}_3(\cdot), \tilde{\Omega}_1(\cdot)$ 和 $\tilde{G}_{ij}$ 得到的。令 $\boldsymbol{\gamma}_{3i} = (\gamma_{3i1}, \cdots, \gamma_{3in_i})'$,

$$
\begin{aligned}
\gamma_{3ij} &= \left[\tilde{G}'_{ij} \tilde{\Omega}_1(U_{ij})^{-1} \tilde{\Omega}_3(U_{ij}) - \tilde{F}'_{ij} \right] \Pi_3^{-1} \Upsilon_5 \\
&\quad + \left[Z_{i21} X_{ij11} - \tilde{G}'_{ij} \tilde{\Omega}_1(U_{ij})^{-1} \Upsilon_4(U_{ij}) \right] \{ A_{2(1,1)}(U_{ij}) - A_{2(1,1)} \}.
\end{aligned}
$$

则定理 5 中的 π_2 为:

$$
\pi_2 = m^{-1} \sum_{i=1}^{m} E[\boldsymbol{\gamma}'_{3i} \Lambda_{0i}^{-1} \boldsymbol{\gamma}_{3i}].
$$

注释 1 的证明:

    由简单计算可知:

$$
\begin{aligned}
&\left(G'_{ij}, Z_{i11} X_{ij11} \right) \Psi_1(U_{ij})^{-1} \left(G'_{ij}, Z_{i11} X_{ij11} \right)' - G'_{ij} \Omega_1(U_{ij})^{-1} G_{ij} \\
&= \rho_3(U_{ij})^{-1} \left(G'_{ij} \Omega_1(U_{ij})^{-1} \Upsilon_1(U_{ij}) - Z_{i11} X_{ij11} \right)^2
\end{aligned}
$$

由于 $\Psi_1(U_{ij})$ 是正定矩阵,故 $\rho_3(U_{ij}) = \rho_1(U_{ij}) - \Upsilon_1(U_{ij})' \Omega_1(U_{ij})^{-1} \Upsilon_1(U_{ij}) > 0$。因此,$\lambda_1^{(1)} - \lambda_1 > 0, \lambda_1^{(1)} - \lambda_1 = O(1)$。

    又可得:

$$
\begin{aligned}
&\left(G'_{ij}, Z_{i11} X_{ij11} \right) \Psi_1(U_{ij})^{-1} \Psi_2(U_{ij}) \Psi_1(U_{ij})^{-1} \left(G'_{ij}, Z_{i11} X_{ij11} \right)' \\
&\quad - G'_{ij} \Omega_1(U_{ij})^{-1} \Omega_2(U_{ij}) \Omega_1(U_{ij})^{-1} G_{ij} \\
&= \left(G'_{ij}, Z_{i11} X_{ij11} \right) L(U_{ij}) \left(G'_{ij}, Z_{i11} X_{ij11} \right)' + l(U_{ij})' \Psi_2(U_{ij}) l(U_{ij}),
\end{aligned}
$$

其中,

$$
L(U_{ij}) = \rho_3(U_{ij})^{-1} \left[\Psi_3(U_{ij}) + \Psi_3(U_{ij})' \right],
$$

$$
\Psi_3(U_{ij}) = \begin{pmatrix} \Omega_1(U_{ij})^{-1} & \mathbf{0}_{d \times 1} \\ \mathbf{0}_{1 \times d} & 0 \end{pmatrix} \Psi_2(U_{ij}) \Upsilon_3(U_{ij}) \Upsilon_3(U_{ij})',
$$

$$
\Upsilon_3(U_{ij})' = (\Upsilon_1(U_{ij})' \Omega_1(U_{ij})^{-1}, -1),
$$

$$
l(U_{ij}) = \rho_3(U_{ij})^{-1} \Upsilon_3(U_{ij}) \Upsilon_3(U_{ij})' \left(G'_{ij}, Z_{i11} X_{ij11} \right)'.
$$

可以证明 $\Psi_3(U_{ij}) + \Psi_3(U_{ij})'$ 是半正定矩阵,所以 $\lambda_2^{(1)} - \lambda_2 > 0$,且 $\lambda_2^{(1)} - \lambda_2 = O(1)$。

附录 B: 定理的证明

本部分中,我们将给出3.4 节中定理的证明。为了便于描述,我们记

$$H = \begin{pmatrix} 1 & 0 \\ 0 & h \end{pmatrix} \otimes I_d, \quad l_3 = p_1 q_1 + k_1, \quad \boldsymbol{\gamma}_1 = (\boldsymbol{\gamma}_{11}^{'}, \cdots, \boldsymbol{\gamma}_{1m}^{'})',$$

$$\boldsymbol{\Phi}_i = (G_{i1}^{'} \boldsymbol{\theta}(U_{i1}), \cdots, G_{in_i}^{'} \boldsymbol{\theta}(U_{in_i}))', \ i = 1, \cdots, m, \quad \boldsymbol{\Phi} = (\boldsymbol{\Phi}_1^{'}, \cdots, \boldsymbol{\Phi}_m^{'})'.$$

为了证明定理,我们先介绍下面的引理:

引理 1 设 $\{U_{ij}\}$ 为 i.i.d. 的随机变量序列,$\{\xi_{ij}\}$ 为服从相同分布的随机变量,且当 $i \neq l$ 时,ξ_{ij} 与 ξ_{lk} 独立。此外,假设 $E(\xi_{11}^2) < \infty$,$K(\cdot)$ 为具有有界支撑集的有界正值函数。则当 $nh^2 \to \infty$ 时,对任意非负整数 λ,我们有

$$\sup_u n^{-1} \sum_{i=1}^m \sum_{j=1}^{n_i} \left| \eta_{ij,\lambda}(u) K_h(U_{ij} - u) - E[\eta_{ij,\lambda}(u) K_h(U_{ij} - u)] \right| = O_P((nh^2)^{-1/2}),$$

其中,$\eta_{ij,\lambda}(u) = \xi_{ij}\{h^{-1}(U_{ij} - u)\}^\lambda$。

证明 因为 $K(\cdot)$ 是具有有界支撑集的有界函数, 故 $\sup_u |u^\lambda K(u)|$ 有界, 则由 Jensen 不等式可得:

$$\text{var}\left(\sup_u S_{n,\lambda}\right) = O\left((nh^2)^{-1}\right),$$

其中 $S_{n,\lambda} = n^{-1} \sum_{i=1}^m \sum_{j=1}^{n_i} \eta_{ij,\lambda}(u) K_h(U_{ij} - u)$。由此可得结果。

引理 2 在条件(1)—(8)下,我们有

$$\hat{\sigma}^2 = \sigma^2 + O_P(n^{-1/2}), \quad \hat{\Sigma} = \Sigma + O_P(n^{-1/2}).$$

此外,不管是 $\hat{\sigma}^2$ 还是 $\hat{\Sigma}$ 的渐近分布都不依赖于真实模型中的参数是函数系数还是常数系数。

证明 引理的证明同 Sun 等(2007)中定理 1 和 2 的证明。

引理 3 在条件(1)—(3),(5)和(6)下,我们有

$$n^{-1}\mathbf{F}^{'}(I_n - \mathbf{S})^{'}\Lambda^{-1}(I_n - \mathbf{S})\mathbf{F} \xrightarrow{P} \Pi_1.$$

证明　由引理 1 可得

$$H^{-1}\Delta' W \Delta H^{-1} = nf(u)\begin{pmatrix} 1 & 0 \\ 0 & \mu_2 \end{pmatrix} \otimes \Omega_1(u)\{1+o_P(1)\}, \qquad \text{(B.1)}$$

和

$$H^{-1}\Delta' W \mathbf{F} = nf(u)(1,0)' \otimes \Omega_3(u)\{1+o_P(1)\}, \qquad \text{(B.2)}$$

对 u 一致成立。由上述这两个结果可得

$$(I_d, 0_{d\times d})(\Delta' W \Delta)^{-1}\Delta' W \mathbf{F} = \Omega_1(u)^{-1}\Omega_3(u)\{1+o_P(1)\}$$

对 u 一致成立。等价的，我们有

$$\mathbf{SF} = (M_{11},\cdots,M_{1n_1},\cdots,M_{m1},\cdots,M_{mn_m})'\{1+o_P(1)\},$$

其中，$M'_{ij} = G'_{ij}\Omega_1(U_{ij})^{-1}\Omega_3(U_{ij})$。利用引理 2 和 Markov 不等式，容易证得

$$n^{-1}\mathbf{F}'(I_n-\mathbf{S})'\Lambda^{-1}(I_n-\mathbf{S})\mathbf{F} = n^{-1}\sum_{i=1}^m Q'_i\Lambda_{0i}^{-1}Q_i\{1+o_P(1)\} = \Pi_1 + o_P(1).$$

引理 4　在条件（1）—（6）下，我们有

$$n^{-1}\mathbf{F}'(I_n-\mathbf{S})'\Lambda^{-1}(I_n-\mathbf{S})\boldsymbol{\Phi} = O_P(h^2).$$

证明　对 $|v-u| < h$ 的 v，利用 $\boldsymbol{\theta}(v)$ 关于 v 进行 Taylor 展开，引理 1,（B.1）和直接计算，我们可得

$$(I_n-\mathbf{S})\boldsymbol{\Phi} = -\frac{1}{2}h^2\mu_2\boldsymbol{\gamma}_1\{1+o_P(1)\}. \qquad \text{(B.3)}$$

由此，利用引理 2 和 Markov 不等式，可得

$$n^{-1}\mathbf{F}'(I_n-\mathbf{S})'\Lambda^{-1}(I_n-\mathbf{S})\boldsymbol{\Phi} = n^{-1}\sum_{i=1}^m Q'_i\Lambda_{0i}^{-1}\{-\frac{1}{2}h^2\mu_2\boldsymbol{\gamma}_{1i}\}\{1+o_P(1)\} = O_P(h^2).$$

定理 1 的证明　由引理 3 和 4 可得，$\sqrt{n}(\hat{\mathbf{b}}-\mathbf{b})$ 的偏差为

$$\sqrt{n}\{\mathbf{F}'(I_n-\mathbf{S})'\Lambda^{-1}(I_n-\mathbf{S})\mathbf{F}\}^{-1}\mathbf{F}'(I_n-\mathbf{S})'\Lambda^{-1}(I_n-\mathbf{S})\boldsymbol{\Phi} = O_P(\sqrt{n}h^2).$$

显见，当 $nh^4 \to 0$ 时，这一项可以忽略不计。

由直接计算和引理 2 得

$$n^{-1}\mathrm{cov}\{\mathbf{F}^{'}(I_n - \mathbf{S})^{'}\Lambda^{-1}(I_n - \mathbf{S})\mathbf{r}\} \quad = \quad \Pi_1 + \Pi_2 + o(1).$$

因此，由引理 3，Lindeberg Feller 中心极限定理和 Slutsky 定理可以得到定理的结果。

定理 2 的证明 由（B.1），（B.2）和定理 1 的证明可得

$$
\begin{aligned}
&\sqrt{nh_1f(u)}\Big(\hat{\boldsymbol{\theta}}(u) - \boldsymbol{\theta}(u)\Big) \\
=\ &\sqrt{nh_1f(u)}(I_d, \mathbf{0}_{d\times d})(\Delta^{'}W_1\Delta)^{-1}\Delta^{'}W_1\mathbf{F}(\mathbf{b} - \hat{\mathbf{b}}) \\
&+\sqrt{nh_1f(u)}(I_d, \mathbf{0}_{d\times d})(\Delta^{'}W_1\Delta)^{-1}\Delta^{'}W_1\left(\boldsymbol{\Phi} - \Delta\left(\begin{array}{c}\boldsymbol{\theta}(u) \\ \boldsymbol{\theta}'(u)\end{array}\right)\right) \\
&+\sqrt{nh_1f(u)}(I_d, \mathbf{0}_{d\times d})(\Delta^{'}W_1\Delta)^{-1}\Delta^{'}W_1\mathbf{r} \equiv L_{n1} + L_{n2} + L_{n3},
\end{aligned}
$$

于是，当 $nh_1^5 = O(1)$ 和 $h/h_1 \to 0$ 时，我们有

$$L_{n1} = \sqrt{nh_1f(u)}\Omega_1(u)^{-1}\Omega_3(u)\mathbf{1}_{l_3}O_P(h^2 + n^{-1/2}) = o_P(1).$$

利用与（B.3）相同的证明，可以得到

$$L_{n2} = \frac{1}{2}\sqrt{nh_1f(u)}\mu_2h_1^2\ddot{\boldsymbol{\theta}}(u)\{1 + o_P(1)\},$$

其中，$\ddot{\boldsymbol{\theta}}(u)$ 表示 $\boldsymbol{\theta}(u)$ 的二阶导数。

进一步，由（B.1）和直接计算，我们有

$$L_{n3} = \{[nf(u)]^{-1}h_1\}^{1/2}\Omega_1(u)^{-1}\sum_{i=1}^{m}\sum_{j=1}^{n_i}G_{ij}r_{ij}K_{h_1}(U_{ij} - u)\{1 + o_P(1)\}.$$

又由

$$E\{\sqrt{[nf(u)]^{-1}h_1}\sum_{i=1}^{m}\sum_{j=1}^{n_i}G_{ij}r_{ij}K_{h_1}(U_{ij} - u)\} = 0,$$

和

$$\mathrm{var}\{\sqrt{[nf(u)]^{-1}h_1}\sum_{i=1}^{m}\sum_{j=1}^{n_i}G_{ij}r_{ij}K_{h_1}(U_{ij} - u)\} = \nu_0\{\Omega_2(u) + \sigma^2\Omega_1(u)\} + o(1).$$

故由 Lindeberg Feller 定理和 Slutsky 定理, 我们得到

$$L_{n3} \xrightarrow{D} N\left(\mathbf{0}, \nu_0\{\Omega_1(u)^{-1}\Omega_2(u)\Omega_1(u)^{-1} + \sigma^2\Omega_1(u)^{-1}\}\right).$$

结合上述关于 L_{n1}, L_{n2} 和 L_{n3} 的结论, 即可得定理的结果。

定理 3 的证明 记 $\Delta_{ij}^{\backslash i}, W_{1ij}^{\backslash i}$ 分别为去掉第 i 个个体且将 u 替换为 U_{ij} 后得到的 Δ, W_1；$Y^{\backslash i}, \mathbf{F}^{\backslash i}$ 分别为去掉第 i 个个体后得到的 Y 和 $\mathbf{F}, \hat{\mathbf{b}}^{\backslash i} = \left((\mathrm{vc}(\hat{A}_1^{\backslash i}))', \ \hat{\boldsymbol{\beta}}_1^{\backslash i \, '}\right)'$,

$$\hat{\boldsymbol{\theta}}^{\backslash i}(u) = \left((\mathrm{vc}(\hat{A}_3^{\backslash i}(u)))', \ \left(\mathrm{vc}\left((\hat{A}_2^{\backslash i \, '}(u), \ \hat{A}_4^{\backslash i \, '}(u))'\right)\right)', \ \hat{\boldsymbol{\beta}}_2^{\backslash i}(u)'\right)'.$$

又

$$\tilde{r}_{ij} \ = \ y_{ij} - F_{ij}'\mathbf{b} - G_{ij}'\hat{\boldsymbol{\theta}}_0^{\backslash i}(U_{ij}) + \{F_{ij}' - G_{ij}'\boldsymbol{\eta}(U_{ij})\}(\mathbf{b} - \hat{\mathbf{b}}^{\backslash i})$$

其中, $\hat{\boldsymbol{\theta}}_0^{\backslash i}(\cdot)$ 表示将 $\hat{\mathbf{b}}^{\backslash i}$ 替换为 $\mathbf{b}$ 后得到的 $\hat{\boldsymbol{\theta}}^{\backslash i}(\cdot)$, 且

$$\begin{aligned}
\boldsymbol{\eta}(U_{ij}) \ &= \ (I_d, \mathbf{0}_{d\times d})\left(\Delta_{ij}^{\backslash i \, '} W_{1ij}^{\backslash i} \Delta_{ij}^{\backslash i}\right)^{-1}\Delta_{ij}^{\backslash i \, '} W_{1ij}^{\backslash i} \mathbf{F}^{\backslash i} \\
&= \ \Omega_1(U_{ij})^{-1}\Omega_3(U_{ij})\{1 + o_P(1)\}
\end{aligned}$$

一致成立, 因此

$$\begin{aligned}
CV \ = \ & m^{-1}\sum_{i=1}^{m}\hat{\mathbf{y}}_i'\Lambda_i^{-1}\hat{\mathbf{y}}_i + m^{-1}\sum_{i=1}^{m}(\mathbf{b} - \hat{\mathbf{b}}^{\backslash i})'\tilde{R}_i'\Lambda_i^{-1}\tilde{R}_i(\mathbf{b} - \hat{\mathbf{b}}^{\backslash i}) \\
& + 2m^{-1}\sum_{i=1}^{m}(\mathbf{b} - \hat{\mathbf{b}}^{\backslash i})'\tilde{R}_i'\Lambda_i^{-1}\hat{\mathbf{y}}_i,
\end{aligned} \tag{B.4}$$

其中, $\hat{\mathbf{y}}_i = (\hat{y}_{i1}, \cdots, \hat{y}_{in_i})'$, $\hat{y}_{ij} = y_{ij} - F_{ij}'\mathbf{b} - G_{ij}'\hat{\boldsymbol{\theta}}_0^{\backslash i}(U_{ij})$, $\tilde{R}_i = (\tilde{R}_{i1}, \cdots, \tilde{R}_{in_i})'$, $\tilde{R}_{ij}' = F_{ij}' - G_{ij}'\boldsymbol{\eta}(U_{ij})$。

由定理 1 的证明可见, $(\hat{\mathbf{b}}\text{-}\mathbf{b})$ 依概率收敛的速度为 $\{h^2 + n^{-1/2}\}$。当 $h/h_1 \to 0$ 且 $\{nh_1\}^{\frac{1}{2}}h^2 \to 0$ 时, CV 的渐近形式同 $\mathbf{b}$ 已知时的形式。下面我们只需要仔细考虑 (B.4) 中的第一项, 我们记为 CV_1。

令 $\hat{\boldsymbol{\theta}}_0(\cdot)$ 表示将 $\hat{\boldsymbol{\theta}}(\cdot)$ 中的 $\hat{\mathbf{b}}$ 替换为 $\mathbf{b}$ 后得到的。对任何矩阵 A 和 B, 容易证明

$$(A + hB)^{-1} = A^{-1} - hA^{-1}BA^{-1} + O(h^2).$$

又由引理 1 和直接计算,有

$$\hat{\boldsymbol{\theta}}_0(u) - \boldsymbol{\theta}(u) = o_P(1), \quad h_1[\hat{\dot{\boldsymbol{\theta}}}_0'(u) - \dot{\boldsymbol{\theta}}(u)] = o_P(1),$$

关于 u 一致成立,其中 $\dot{\boldsymbol{\theta}}(u)$ 表示 $\boldsymbol{\theta}(u)$ 的一阶导数,

$$\hat{\dot{\boldsymbol{\theta}}}_0(u) = (\mathbf{0}_{d \times d}, I_d)(\Delta' W_1 \Delta)^{-1} \Delta' W_1 (Y - \mathbf{F}\mathbf{b}).$$

因此,可得

$$\hat{\boldsymbol{\theta}}_0^{\backslash i}(U_{ij}) - \hat{\boldsymbol{\theta}}_0(U_{ij}) = -\frac{\Omega_1(U_{ij})^{-1}}{nf(U_{ij})} \sum_{l=1}^{n_i} G_{il} K_{h_1}(U_{il} - U_{ij}) r_{il} + o_P(\{nh_1\}^{-1}) \quad (\text{B.5})$$

一致成立。记 $\hat{\boldsymbol{\Phi}}_i$ 和 $\hat{\boldsymbol{\Phi}}_i^{\backslash i}$ 为将 $\boldsymbol{\Phi}_i$ 中的 $\boldsymbol{\theta}(\cdot)$ 分别替换为 $\hat{\boldsymbol{\theta}}_0(\cdot)$ 和 $\hat{\boldsymbol{\theta}}_0^{\backslash i}(\cdot)$ 后得到的,则有

$$
\begin{aligned}
CV_1 &= m^{-1} \sum_{i=1}^{m} \{Y_i - F_i\mathbf{b} - \hat{\boldsymbol{\Phi}}_i\}' \Lambda_i^{-1} \{Y_i - F_i\mathbf{b} - \hat{\boldsymbol{\Phi}}_i\} \\
&\quad + m^{-1} \sum_{i=1}^{m} \{\hat{\boldsymbol{\Phi}}_i - \hat{\boldsymbol{\Phi}}_i^{\backslash i}\}' \Lambda_i^{-1} \{\hat{\boldsymbol{\Phi}}_i - \hat{\boldsymbol{\Phi}}_i^{\backslash i}\} \\
&\quad + 2m^{-1} \sum_{i=1}^{m} \{Y_i - F_i\mathbf{b} - \hat{\boldsymbol{\Phi}}_i\}' \Lambda_i^{-1} \{\hat{\boldsymbol{\Phi}}_i - \hat{\boldsymbol{\Phi}}_i^{\backslash i}\} \equiv J_{n1} + J_{n2} + 2J_{n3}.
\end{aligned}
$$

容易证明

$$
\begin{aligned}
J_{n1} &= m^{-1} \boldsymbol{\Phi}'(I_n - \mathbf{S}_1)'(\Lambda^{\backslash i})^{-1}(I_n - \mathbf{S}_1)\boldsymbol{\Phi} \\
&\quad + m^{-1} \mathbf{r}'(I_n - \mathbf{S}_1)'(\Lambda^{\backslash i})^{-1}(I_n - \mathbf{S}_1)\mathbf{r} \\
&\quad + 2m^{-1} \boldsymbol{\Phi}'(I_n - \mathbf{S}_1)'(\Lambda^{\backslash i})^{-1}(I_n - \mathbf{S}_1)\mathbf{r} \equiv J_{n11} + J_{n12} + 2J_{n13},
\end{aligned}
$$

其中,$\mathbf{S}_1$ 为 $\mathbf{S}$ 中将 h 替换为 h_1 后得到的,且 $\Lambda^{\backslash i} = \text{diag}(\Lambda_1, \cdots, \Lambda_m)$。于是由引理 2 和(B.3)可得

$$J_{n11} = \frac{1}{4} h_1^4 \mu_2^2 m^{-1} \sum_{i=1}^{m} \boldsymbol{\gamma}_{1i}' \Lambda_{0i}^{-1} \boldsymbol{\gamma}_{1i} \{1 + o_P(1)\} = \frac{1}{4} h_1^4 \mu_2^2 \pi_1 + o_P(h_1^4),$$

和

$$J_{n13} = -\frac{1}{2} h_1^2 \mu_2 m^{-1} \boldsymbol{\gamma}_1' \Lambda_0^{-1} (I_n - \mathbf{S}_1)\mathbf{r} \{1 + o_P(1)\}.$$

又由于

$$E[m^{-1}\boldsymbol{\gamma}_1^{'}\Lambda_0^{-1}(I_n - \mathbf{S}_1)\mathbf{r}] = 0, \quad \text{和} \quad \text{var}[m^{-1}\boldsymbol{\gamma}_1^{'}\Lambda_0^{-1}(I_n - \mathbf{S}_1)\mathbf{r}] = O(m^{-1}),$$

我们有

$$J_{n13} = O_P(h_1^2 m^{-\frac{1}{2}}) = o_P(\{mh_1\}^{-1}).$$

关于 J_{n12}，利用引理 2，(B.1) 和 Markov 不等式，得

$$J_{n12} = m^{-1}\mathbf{r}^{'}(\Lambda^{\backslash i})^{-1}\mathbf{r} + m^{-1}\mathbf{r}^{'}\mathbf{S}_1^{'}(\Lambda^{\backslash i})^{-1}\mathbf{S}_1\mathbf{r} - 2m^{-1}\mathbf{r}^{'}(\Lambda^{\backslash i})^{-1}\mathbf{S}_1\mathbf{r}.$$

于是

$$m^{-1}\mathbf{r}^{'}(\Lambda^{\backslash i})^{-1}\mathbf{S}_1\mathbf{r} = $$
$$\frac{1}{mn}\sum_{i=1}^{m}\sum_{j=1}^{n_i}\sum_{t=1}^{n_i}\sum_{l=1}^{n_i}\frac{G_{it}^{'}\Omega_1(U_{it})^{-1}G_{il}}{f(U_{it})}K_{h_1}(U_{il} - U_{it})r_{ij}r_{il}[\Lambda_{0i}^{-1}]_{jt} + o_P(\{mh_1\}^{-1}).$$

同时，

$$m^{-1}\mathbf{r}^{'}\mathbf{S}_1^{'}(\Lambda^{\backslash i})^{-1}\mathbf{S}_1\mathbf{r}$$
$$= \Bigg[\frac{1}{n^2 m}\sum_{i=1}^{m}\sum_{j=1}^{n_i}\sum_{t=1}^{n_i}\sum_{k=1}^{m}\sum_{l=1}^{n_k}\sum_{s=1}^{n_k}\frac{G_{ij}^{'}\Omega_1(U_{ij})^{-1}G_{kl}}{f(U_{ij})}\frac{G_{ks}^{'}\Omega_1(U_{it})^{-1}G_{it}}{f(U_{it})}r_{kl}r_{ks}$$
$$\times K_{h_1}(U_{kl} - U_{ij})K_{h_1}(U_{ks} - U_{it})[\Lambda_{0i}^{-1}]_{jt}$$
$$+\frac{2}{n^2 m}\sum_{k=1}^{m}\sum_{l=1}^{n_k}\sum_{j=1}^{n_k}\sum_{t=1}^{n_k}\sum_{v>k}^{m}\sum_{s=1}^{n_v}\frac{G_{kj}^{'}\Omega_1(U_{kj})^{-1}G_{kl}}{f(U_{kj})}\frac{G_{vs}^{'}\Omega_1(U_{kt})^{-1}G_{kt}}{f(U_{kt})}r_{kl}r_{vs}$$
$$\times K_{h_1}(U_{kl} - U_{kj})K_{h_1}(U_{vs} - U_{kt})[\Lambda_{0k}^{-1}]_{jt}$$
$$+\frac{2}{n^2 m}\sum_{k=1}^{m}\sum_{l=1}^{n_k}\sum_{v>k}^{m}\sum_{s=1}^{n_v}\sum_{j=1}^{n_v}\sum_{t=1}^{n_v}\frac{G_{vj}^{'}\Omega_1(U_{vj})^{-1}G_{kl}}{f(U_{vj})}\frac{G_{vs}^{'}\Omega_1(U_{vt})^{-1}G_{vt}}{f(U_{vt})}r_{kl}r_{vs}$$
$$\times K_{h_1}(U_{kl} - U_{vj})K_{h_1}(U_{vs} - U_{vt})[\Lambda_{0v}^{-1}]_{jt} + \frac{2}{n^2 m}\sum_{k=1}^{m}\sum_{l=1}^{n_k}\sum_{v>k}^{m}\sum_{s=1}^{n_v}r_{kl}r_{vs}$$
$$\times G_{kl}^{'}\sum_{i\neq k,v}^{m}\sum_{j=1}^{n_i}\sum_{t=1}^{n_i}\Big\{N_{klvs,ijt} - E(N_{klvs,ijt}|U_{kl}, U_{vs})\Big\}G_{vs}$$
$$+\frac{2}{n^2 m}\sum_{k=1}^{m}\sum_{l=1}^{n_k}\sum_{v>k}^{m}\sum_{s=1}^{n_v}r_{kl}r_{vs}G_{kl}^{'}\sum_{i\neq k,v}^{m}\sum_{j=1}^{n_i}\sum_{t=1}^{n_i}E(N_{klvs,ijt}|U_{kl}, U_{vs})G_{vs}\Bigg]$$
$$\times\{1 + o_P(1)\} \equiv \{L_{n1} + 2L_{n2} + 2L_{n3} + 2L_{n4} + 2L_{n5}\}\{1 + o_P(1)\}$$

其中，$N_{klvs,ijt} = [f(U_{ij})f(U_{it})]^{-1}\Omega_1(U_{ij})^{-1}G_{ij}G'_{it}\Omega_1(U_{it})^{-1}K_{h_1}(U_{kl}-U_{ij})K_{h_1}(U_{vs}-U_{it})[\Lambda_{0i}^{-1}]_{jt}$.

由直接计算和 Markov 不等式，得

$$L_{n1} = \frac{\nu_0}{mh_1}\{\sigma^2\lambda_1 + \lambda_2\} + o_P(\{mh_1\}^{-1}).$$

经过简单计算，我们有

$$EL_{n2} = 0, \qquad \text{var}(L_{n2}) = O_P(\{nh_1\}^{-4}),$$

故 $L_{n2} = o_P(\{mh_1\}^{-1})$。同理，$L_{n3} = o_P(\{mh_1\}^{-1})$。显见，

$$E\Big[n^{-1}G'_{kl}\sum_{i\neq k,v}^m\sum_{j=1}^{n_i}\sum_{t=1}^{n_i}\Big\{N_{klvs,ijt} - E(N_{klvs,ijt}|U_{kl},U_{vs})\Big\}G_{vs}\Big]^2$$

$$\leqslant \text{tr}\Big\{n^{-2}\sum_{i\neq k,v}^m n_i^2\sum_{j=1}^{n_i}\sum_{t=1}^{n_i}E\Big[N_{klvs,ijt}G_{vs}G'_{vs}N_{klvs,ijt}G_{kl}G'_{kl}\Big]\Big\} = O(n^{-1}h_1^{-2}).$$

所以，$\text{var}(L_{n5}) = O(n^{-3}h_1^{-2})$，并由 $EL_{n4} = 0$，得 $L_{n4} = o_P(\{mh_1\}^{-1})$。此外，容易证明

$$EL_{n5} = 0, \quad \text{var}(L_{n5}) = O(n^{-2}h_1^{-1}),$$

这意味着，$L_{n5} = o_P(\{mh_1\}^{-1})$。

综合上述所有关于 J_{n1} 的结论，我们有

$$J_{n1} = m^{-1}\sum_{i=1}^m \mathbf{r}'_i\Lambda_i^{-1}\mathbf{r}_i + \frac{1}{4}\mu_2^2 h_1^4\pi_1 + \frac{\nu_0}{mh_1}\{\sigma^2\lambda_1 + \lambda_2\}$$

$$-\frac{2}{mn}\sum_{i=1}^m\sum_{j=1}^{n_i}\sum_{t=1}^{n_i}\sum_{l=1}^{n_i}\frac{G'_{it}\Omega_1(U_{it})^{-1}G_{il}}{f(U_{it})}K_{h_1}(U_{il}-U_{it})r_{ij}r_{il}[\Lambda_{0i}^{-1}]_{jt}$$

$$+o_P(h_1^4 + \{mh_1\}^{-1}).$$

接下去，我们考虑 J_{n2} 和 J_{n3}。由引理 2，(B.5) 和 Markov 不等式，得 $J_{n2} = o_P(\{mh_1\}^{-1})$。此外，

$$J_{n3} = \frac{1}{mn}\sum_{i=1}^m\sum_{j=1}^{n_i}\sum_{t=1}^{n_i}\sum_{l=1}^{n_i}\frac{G'_{it}\Omega_1(U_{it})^{-1}G_{il}}{f(U_{it})}K_{h_1}(U_{il}-U_{it})r_{ij}r_{il}[\Lambda_{0i}^{-1}]_{jt}$$

$$+o_P(\{mh_1\}^{-1}).$$

所有这些,结合 J_{n1} 的结果,我们可得

$$CV_1 = m^{-1}\sum_{i=1}^m \mathbf{r}_i^{'}\Lambda_i^{-1}\mathbf{r}_i + \frac{1}{4}\mu_2^2 h_1^4 \pi_1 + \frac{\nu_0}{mh_1}\{\sigma^2\lambda_1 + \lambda_2\} + o_P\left\{h_1^4 + \frac{1}{mh_1}\right\}.$$

所以,当 $h/h_1 \to 0$ 和 $\{nh_1\}^{\frac{1}{2}}h^2 \to 0$ 时,我们有

$$CV = m^{-1}\sum_{i=1}^m \mathbf{r}_i^{'}\Lambda_i^{-1}\mathbf{r}_i + \frac{1}{4}\mu_2^2 h_1^4 \pi_1 + \frac{\nu_0}{mh_1}\{\sigma^2\lambda_1 + \lambda_2\} + o_P\left\{h_1^4 + \frac{1}{mh_1}\right\}.$$

定理 4 的证明 工作模型将 A_1 的第一个对角线元素,记为 $A_{1(1,1)}$,错误地当作函数系数 $A_{1(1,1)}(\cdot)$ 进行处理。工作模型为

$$y_{ij} = F_{ij}^{*'}\mathbf{b}^* + Z_{i11}X_{ij11}A_{1(1,1)}(U_{ij}) + G_{ij}^{'}\boldsymbol{\theta}(U_{ij}) + r_{ij}$$

其中,F_{ij}^*, $\mathbf{b}^*$ 为 F_{ij}, $\mathbf{b}$ 中分别去掉第一个元素得到的,而真实的模型为

$$y_{ij} = F_{ij}^{'}\mathbf{b} + G_{ij}^{'}\boldsymbol{\theta}(U_{ij}) + r_{ij}.$$

于是,利用同定理 1,2 和 3 类似的证明方法可得

$$CV = m^{-1}\sum_{i=1}^m \mathbf{r}_i^{'}\Lambda_i^{-1}\mathbf{r}_i + \frac{1}{4}\mu_2^2 h_1^4 \pi_1 + \frac{\nu_0}{mh_1}\{\sigma^2\lambda_1^{(1)} + \lambda_2^{(1)}\} + o_P\left\{h_1^4 + \frac{1}{mh_1}\right\}.$$

定理 5 的证明 工作模型为

$$y_{ij} = F_{ij}^{'}\mathbf{b} + Z_{i21}X_{ij11}A_{2(1,1)} + \tilde{G}_{ij}^{'}\boldsymbol{\theta}^*(U_{ij}) + r_{ij}, \tag{B.6}$$

其中,$\boldsymbol{\theta}^*(u)$ 为 $\boldsymbol{\theta}(u)$ 中将其第 $(p_2q_1 + 1)$ 个函数系数剔除后得到的,而真实的模型为

$$y_{ij} = \tilde{F}_{ij}^{'}\mathbf{b}^* + \tilde{G}_{ij}^{'}\boldsymbol{\theta}^*(U_{ij}) + r_{ij} + Z_{i21}X_{ij11}\{A_{2(1,1)}(U_{ij}) - A_{2(1,1)}\},$$

其中,$\mathbf{b}^{*'} = (\mathbf{b}^{'}, A_{2(1,1)})$。

利用同定理 1 相似的证明方法,可以证明

$$\hat{\mathbf{b}}^* - \mathbf{b}^* - \boldsymbol{\delta}_1 = O_P(h^2 + n^{-1/2}),$$

其中,

$$\boldsymbol{\delta}_1 = \{\mathbf{F}^{*'}(I_n - \mathbf{S}^*)'\Lambda^{-1}(I_n - \mathbf{S}^*)\mathbf{F}^*\}^{-1}\mathbf{F}^{*'}(I_n - \mathbf{S}^*)'\Lambda^{-1}(I_n - \mathbf{S}^*)\mathbf{v},$$

$\mathbf{v} = (v_{11}, \cdots, v_{1n_1}, \cdots, v_{m1}, \cdots, v_{mn_m})'$, $v_{ij} = Z_{i21}X_{ij11}[A_{2(1,1)}(U_{ij}) - A_{2(1,1)}]$,
$\mathbf{F}^*, \mathbf{S}^*, \boldsymbol{\Phi}^*$ 的定义同 $\mathbf{F}, \mathbf{S}, \boldsymbol{\Phi}$, 但是是基于工作模型(B.6)定义的。

易证

$$\hat{\boldsymbol{\theta}}^*(u) - \boldsymbol{\theta}^*(u) = \boldsymbol{\delta}_2(u) + O_P(h_1^2 + \{nh_1^2\}^{-1/2})$$

关于 u 一致成立,其中 Δ^* 的定义同 Δ, 但是是基于工作模型(B.6)定义的,且

$$\boldsymbol{\delta}_2(u) = (I_{d-1}, \mathbf{0}_{(d-1)\times(d-1)})(\Delta^{*'}W_1\Delta^*)^{-1}\Delta^{*'}W_1\{\mathbf{v} - \mathbf{F}^*\boldsymbol{\delta}_1\}.$$

基于工作模型(B.6)的(3.13)中定义的残差估计 $\tilde{r}_{ij}$ 为

$$\tilde{r}_{ij} = \tilde{r}_{ij}^* + v_{ij} - \tilde{F}_{ij}'\boldsymbol{\delta}_1^{\backslash i} - \tilde{G}_{ij}'\boldsymbol{\delta}_2^{\backslash i}(U_{ij}),$$

其中,

$$\tilde{r}_{ij}^* = \tilde{F}_{ij}'(\mathbf{b}^* - \hat{\mathbf{b}}^{*\backslash i} + \boldsymbol{\delta}_1^{\backslash i}) + \tilde{G}_{ij}'[\boldsymbol{\theta}^*(U_{ij}) - \hat{\boldsymbol{\theta}}^{*\backslash i}(U_{ij}) + \boldsymbol{\delta}_2^{\backslash i}(U_{ij})] + r_{ij},$$

这是当工作模型(B.6)为真实模型时的残差估计,$\boldsymbol{\delta}_1^{\backslash i}$, $\boldsymbol{\delta}_2^{\backslash i}(U_{ij})$ 分别为将第 i 个个体去掉后的 $\boldsymbol{\delta}_1$, $\boldsymbol{\delta}_2(U_{ij})$。利用直接计算和引理 1,可以证明

$$\boldsymbol{\delta}_1 - \boldsymbol{\delta}_1^{\backslash i} = o_p(1), \quad \boldsymbol{\delta}_1 \xrightarrow{P} \Pi_3^{-1}\Upsilon_5, \quad \boldsymbol{\delta}_2(u) - \boldsymbol{\delta}_2^{\backslash i}(u) = o_P(1),$$

和

$$\boldsymbol{\delta}_2(u) \xrightarrow{P} \tilde{\Omega}_1(u)^{-1}\Upsilon_4(u)\{A_{2(1,1)}(u) - A_{2(1,1)}\} - \tilde{\Omega}_1(u)^{-1}\tilde{\Omega}_3(u)\Pi_3^{-1}\Upsilon_5$$

关于 u 一致成立,故

$$\tilde{r}_{ij} = \tilde{r}_{ij}^* + \gamma_{3ij} + o_P(1).$$

利用定理 3,引理 2 和 Markov 不等式,我们有

$$\begin{aligned}
CV &= m^{-1}\sum_{i=1}^m \tilde{\mathbf{r}}_i^{*'}\Lambda_i^{-1}\tilde{\mathbf{r}}_i^* + m^{-1}\sum_{i=1}^m \boldsymbol{\gamma}_{3i}'\Lambda_i^{-1}\boldsymbol{\gamma}_{3i} + 2m^{-1}\sum_{i=1}^m \boldsymbol{\gamma}_{3i}'\Lambda_i^{-1}\tilde{\mathbf{r}}_i^* + o_P(1) \\
&= m^{-1}\sum_{i=1}^m \mathbf{r}_i'\Lambda_i^{-1}\mathbf{r}_i + \pi_2 + o_P(1).
\end{aligned}$$

其中 $\tilde{\mathbf{r}}_i^* = (\tilde{r}_{i1}^*, \cdots, \tilde{r}_{in_i}^*)'$。

备注：本章内容可参见 Sun Yan, Li Jialiang, Zhang Wenyang(2012). Estimation and Model Selection in a Class of Semiparametric Models for Longitudinal Data[J]. Annals of the Institute of Statistical Mathematics, 64:835-856.

第 4 章

基于半参数面板数据因子模型
的企业技术效率测算

4.1 引言

4.1.1 待解决的问题

在我国经济不断发展的过程中,我们所面临的国内外经济环境经历了翻天覆地的变化,与此同时,经济下行的压力也在不断加大。在这样的背景下,提升全要素生产率就成了我们在"十三五"和"十四五"乃至更长一段时期,解决经济增长动力不足问题的关键措施,同时也是我们进行供给侧改革的核心。

全要素生产率的提升,主要可以归功于技术进步和技术效率的提升。技术效率不仅仅体现了资源配置的效率,也体现了我们的生产技术和管理的水平,因此,它的提升尤为重要。在我们进行市场经济活动的过程中,企业是主要的参与者,也是我们深化改革的主要着力点。因此,对于企业的技术效率的测算和研究,无论是在理论上还是在实际操作中,都具有非常重要的意义。

改革开放的 40 余年,不同所有制的企业在效率上是否存在显著的差异?国有企业作为我国经济的基石,是否像公众普遍认为的那样效率低下?我们引进外资是否真的提高了企业的技术和管理水平?这些问题都是我们希望通过准确测算技术效率,进行深入探讨的问题。

准确的技术效率测算为我们进一步揭示其背后的深层原因和潜在影响提供了前提。比如,我们可以探讨不同所有制企业的效率差异。我们认识到,不同所有制结构的企业在经营环境、政策支持、市场准入等方面可能存在差异，这些差异可能直接或间接地影响到企业的运营效率和技术创新能力。要准确评估这些差异，我们首先需要准确的技术效率测算。

4.1.2 现有方法和不足

在经济学范畴内，技术效率是指在固定资源投入之下潜在的最大产出增长能力，或者反过来，在既定产出目标下可能实现的最小资源投入减少。评估技术效率的关键工具是生产前沿分析。所谓生产前沿，是指在一定的技术水平下各种比例投入所对应的最大产出集合。而生产前沿通常用生产函数表示。根据对生产函数形态的具体假设，可以分为参数方法和非参数方法。前者以随机前沿分析（Stochastic Frontier Analysis，简称 SFA）为代表，后者以数据包络分析（Data Envelope Analysis，简称 DEA）为代表。

非参数方法 DEA 不需要设定生产函数的具体形式，且可应用于企业有多项产出的情形，因此广受研究者们的欢迎，如陈勇和李小平（2007）、赵文军和于津平（2012），等等。然而，DEA 方法无法考虑随机因素的影响，难以应用于微观大容量数据，且估计结果容易受到数据质量的影响。

很多研究者转向了估计结果稳健、能测算单个企业技术效率的 SFA 模型。早期的 SFA 模型只能应用于截面数据，且需要对非效率项的分布做出严格假设。Pitt 和 Lee（1981）、Schmidt 和 Sickles（1984）等将模型推广到面板数据场合，并放宽了对分布的假定；但也存在不足，如企业的非效率项无法随时间变化，最终得到的技术效率测算是平均意义下的，无法刻画企业的异质性。Battese 和 Coelli（1992，1995）虽然允许技术效率随时间变化，但该模型对非效率项有严格的要求，如假定其服从某已知的单向分布。此外，也要求随机误差项和非效率项相互独立且与投入要素独立。Lee 和 Schmidt（1993）提出的一类交互固定效应面板数据随机前沿模型能够考虑企业异质性，允许技术效率随时间变化。国内学者多采用参数 SFA 对我国企业的技术效率进行测算，如涂正革和肖耿（2005）、刘小玄和李双杰（2008）、陈海强等（2015）等。有关面板数据 SFA 模型理论与实证研究的详细介绍可参考边文龙和王向楠（2016）的文献综述。

4.1.3　本章研究内容

上述文献都假定了 SFA 中的生产函数具有 Cobb-Douglas 生产函数形式,但事实上 Ulveling 和 Fletcher(1970) 很早就指出,在不同的生产技术条件下投入要素的产出弹性和规模报酬很可能是不同的,传统的 Cobb-Douglas 生产函数估计的劳动和资本产出弹性反映的只是一个平均水平,将丢失很多有价值的信息并导致效率测算有偏误。但只有在技术效率测算更准确的前提下,人们才能更客观地理解中国制造业企业发展现状。

不同于现有文献,本章的贡献之一在于引入了生产函数的半参数形式,该模型兼具非参数模型和参数模型的优点,不仅能够避免非参数模型的维数祸根问题,而且能够缓解参数模型设定过于严格导致模型误设的风险,特别适用于不偏重于解释性更注重于准确性的效率测算,以降低效率测算对模型的依赖性。我们还同时考虑到企业技术效率的时变性及异质性,提出了一类可加面板数据因子模型。更为重要的是,这一模型允许无效率项与投入要素之间存在相关性。结合 Pesaran (2006) 提出的 Common correlated effects（CCE）方法和半参数估计方法,我们导出了新的企业效率测算方法。并基于 1998—2009 年全部制造业企业的面板数据对中国制造业技术效率进行了测算,为下一步深化改革、促进制造业升级转型提供更为准确与客观的实证支持。

4.2　模型及估计

4.2.1　模型的引入

我们先从以下可加随机前沿面板数据模型讲起,逐步引入我们的模型:

$$\ln y_{it}^0 = \alpha_t + \sum_{j=1}^{q} g_j(\ln x_{ijt}^0) + \varepsilon_{it} - u_{it}, \ i = 1, \cdots, N, t = 1, \cdots, T$$

其中,y_{it}^0 是企业 i 在时期 t 的产出,x_{ijt}^0 是企业 i 在时期 t 的各项投入要素;α_t 是不同时期上的各期截距项,也是 t 期边界生产函数的常数项;$g_j(\cdot)$, $j = 1, \cdots, q$, 为 q 个未知光滑函数,其导数表示不同投入要素水平上的要素产出弹性;ε_{it} 为随机误差项;u_{it} 为非效率项,则企业各期的技术效率为:$\exp(-u_{it})$。

为了避免对 u_{it} 的分布做出假定,我们借鉴 Cornwell 等(1990)的思路,令 $\alpha_{it} = \alpha_t - u_{it}$,则有:

$$\ln y_{it}^0 = \alpha_{it} + \sum_{j=1}^{q} g_j(\ln x_{ijt}^0) + \varepsilon_{it}$$

显见,α_t 是 t 期不同个体 α_{it} 取值中的最大值。若得到 α_{it} 估计值,则 α_t 的估计值为:$\widehat{\alpha}_t = \max_i \widehat{\alpha}_{it}$,进而得到非效率项的估计值:

$$\widehat{u}_{it} = \widehat{\alpha}_t - \widehat{\alpha}_{it}.$$

为了识别 α_{it},需要对其进行建模。如,现有研究采用以下形式:

$$\alpha_{it} = \gamma(\delta;\ t),$$

其中 $\gamma(\cdot)$ 是包含未知参数但形式已知的函数(如时间的二次函数),δ 是待估参数。

我们考虑到影响企业效率的一些共同的不可观测特征,如管理水平的普遍提高等,假设 $\alpha_{it} = \boldsymbol{\lambda}_i' \mathbf{f}_t$,其中 $\mathbf{f}_t$ 表示 r 维不可观测的随时间变化的共同因子,$\boldsymbol{\lambda}_i$ 表示其对企业的异质影响效应。另外,由于企业决定投入生产要素数量时,不仅考虑市场需求,也会考虑自身的实际生产能力,因此要素投入很可能受到企业技术与管理水平(即技术效率)的影响,故允许 $\boldsymbol{\lambda}_i$、$\mathbf{f}_t$ 与投入要素 x_{ijt} 相关。

我们提出的模型不局限于企业技术效率的测算,为不失一般性,下面用 y 表示被解释变量,x 表示解释变量。借鉴 Pesaran(2006)的方法,提出如下可加面板数据因子模型:

$$y_{it} = \sum_{j=1}^{q} g_j(x_{ijt}) + \boldsymbol{\lambda}_i' \mathbf{f}_t + \varepsilon_{it} \tag{4.1}$$

$$\mathbf{x}_{it} = c_{1i} + \Gamma_{1i}' F_t + e_{1it} \tag{4.2}$$

其中,$\mathbf{x}_{it} = (x_{i1t}, \ldots, x_{iqt})'$;$c_{1i}$ 和 Γ_{1i} 分别是 $q \times 1$、$r \times q$ 的回归系数矩阵;e_{1it} 是 $q \times 1$ 的误差项。这种模型建构方式不需要对生产函数的具体形式,u_{it} 的分布做出假定,且允许非效率项与自变量之间存在相关性,解决了既有研究中的三点不足,因此更符合实际情况。

根据前文的介绍,测算技术效率需要估计 $\widehat{\alpha}_{it} = \widehat{\boldsymbol{\lambda}_i' f_t}$,由此得各企业的技术效率估计为:

$$\exp(-\hat{u}_{it}), \quad \hat{u}_{it} = \max_i \hat{\alpha}_{it} - \hat{\alpha}_{it}.$$

显见,我们只需要估计这个交互效应的整体,因此不需要讨论个体效应或者共同因子的识别问题。利用模型（4.1）可知，$\widehat{\boldsymbol{\lambda}_i' f_t} = y_{it} - \sum_{j=1}^q \hat{g}_j(x_{ijt})$，即效率的测算归结为模型（4.1）中非参数回归函数的估计。

4.2.2 基于 CCE 和非参数方法的两阶段估计

本部分介绍非参数回归函数的估计。首先，我们采用 Pesaran（2006）提出的 CCE 估计方法，构建 $\mathbf{f}_t$ 的代理变量。令 $\bar{\mathbf{x}}_t = \frac{1}{N} \sum_{i=1}^N \mathbf{x}_{it}$，$\bar{y}_t = \frac{1}{N} \sum_{i=1}^N y_{it}$，则有：

$$\begin{pmatrix} \bar{y}_t \\ \bar{\mathbf{x}}_t \end{pmatrix} = \begin{pmatrix} 0 \\ \bar{c}_1 \end{pmatrix} + \begin{pmatrix} \bar{\boldsymbol{\lambda}}' \\ \bar{\Gamma}_1' \end{pmatrix} \mathbf{f}_t + \begin{pmatrix} \sum_{j=1}^q \bar{g}_{jt} + \bar{\varepsilon}_t \\ \bar{e}_{1t} \end{pmatrix}$$

其中，$\bar{c}_1, \bar{\boldsymbol{\lambda}}, \bar{\Gamma}_1, \bar{\varepsilon}_t$ 和 $\bar{e}_{1t}$ 是 t 期各变量和系数的样本均值，$\bar{g}_{jt} = \frac{1}{N} \sum_{i=1}^N g_j(x_{ijt})$。令 $\bar{\Gamma} = (\bar{\boldsymbol{\lambda}}, \bar{\Gamma}_1)$，整理上式可得：

$$\mathbf{f}_t = (\bar{\Gamma}\bar{\Gamma}')^{-1} \bar{\Gamma} \left\{ \begin{pmatrix} \bar{y}_t \\ \bar{\mathbf{x}}_t \end{pmatrix} - \begin{pmatrix} 0 \\ \bar{c}_1 \end{pmatrix} - \begin{pmatrix} \sum_{j=1}^q \bar{g}_{jt} + \bar{\varepsilon}_t \\ \bar{e}_{1t} \end{pmatrix} \right\}$$

Pesaran（2006），Su 和 Jin（2012）指出，在很一般的条件下，当 $N \to \infty$ 时，$\bar{e}_{1t} \xrightarrow{P} 0, \bar{\varepsilon}_t \xrightarrow{P} 0$，$\bar{g}_{jt} \xrightarrow{P} 0$。由此可得，

$$\mathbf{f}_t - (\bar{\Gamma}\bar{\Gamma}')^{-1} \bar{\Gamma} \left\{ \begin{pmatrix} \bar{y}_t \\ \bar{\mathbf{x}}_t \end{pmatrix} - \begin{pmatrix} 0 \\ \bar{c}_1 \end{pmatrix} \right\} \xrightarrow{P} 0.$$

因此，可以利用 $Q_t = (\bar{y}_t, \bar{\mathbf{x}}_t')'$ 作为 $\mathbf{f}_t$ 的代理变量。将其代入（4.1），可得：

$$y_{it} = \sum_{j=1}^q g_j(x_{ijt}) + \boldsymbol{\theta}_i' Q_t + v_{it} \tag{4.3}$$

其中，$\boldsymbol{\theta}_i$ 是新的异质回归系数向量，v_{it} 是新的误差项。我们将采用两阶段估计法，分别建立未知函数及其导数的估计，并最终得到效率测算。

1. 第一阶段

第一阶段得到非参数函数的初始估计。这里，针对模型中的非参数函数，拟采用级数估计方法。假定对光滑函数 $g_j(x)$，存在 κ 个基函数 $\pi_{jl}(x)$（本文采用了三

次光滑样条函数）与对应系数 δ_{jl} 满足：

$$g_j(x) \approx \sum_{l=1}^{\kappa} \delta_{jl} \pi_{jl}(x)$$

即可以用一组基函数的线性组合来不断逼近原函数。其中，κ 是正整数，当 $N \to \infty$ 时，$\kappa \to \infty$。代入（4.3）可得：

$$y_{it} \approx \sum_{j=1}^{q} \sum_{l=1}^{\kappa} \delta_{jl} \pi_{jl}(x_{ijt}) + \boldsymbol{\theta}_i' Q_t + \upsilon_{it} \tag{4.4}$$

于是，参数 δ_{jl} 与 $\boldsymbol{\theta}_i$ 的估计可通过最小化如下目标函数得到：

$$\sum_{i=1}^{N} \sum_{t=1}^{T} \left\{ y_{it} - \sum_{j=1}^{q} \sum_{l=1}^{\kappa} \delta_{jl} \pi_{jl}(x_{ijt}) - \boldsymbol{\theta}_i' Q_t \right\}^2 \tag{4.5}$$

求解一阶导数等于零的方程组，得：

$$\widehat{\boldsymbol{\delta}} = \left(\sum_{i=1}^{N} \Pi_i' M_Q \Pi_i \right)^{-1} \sum_{i=1}^{N} \Pi_i' M_Q Y_i$$

$$\widehat{\boldsymbol{\theta}}_i = \left(Q'Q \right)^{-1} \left(Y_i - \Pi_i \widehat{\boldsymbol{\delta}} \right)$$

其中 $\boldsymbol{\delta} = (\boldsymbol{\delta}_1', \cdots, \boldsymbol{\delta}_q)'$，$\delta_j = (\delta_{j1}, \cdots, \delta_{j\kappa})'$，$Y_i = (y_{i1}, \cdots, y_{iT})'$，$\Pi_i = (\pi_{i1}, \cdots, \pi_{iT})'$，$\pi_{it} = (\pi_{11}(x_{i1t}), \cdots, \pi_{1\kappa}(x_{i1t}), \cdots, \pi_{q1}(x_{iqt}), \cdots, \pi_{q\kappa}(x_{iqt}))'$，$Q = (Q_1, \cdots, Q_T)'$，$M_Q = I_T - Q \left(Q'Q \right)^{-1} Q'$，$I_T$ 是 T 阶单位矩阵。由此得，模型（4.1）中非参数函数的初始估计为：

$$\breve{g}_j(x) = \sum_{l=1}^{\kappa} \hat{\delta}_{jl} \pi_{jl}(x).$$

2. 第二阶段

第二阶段得到非参数函数的最终估计。为了能得到未知函数 $g_j(\cdot)$ 及其导数（要素的产出弹性）的估计，本文采用局部线性估计方法。Horowitz（2014）指出传统的 backfitting 估计方法不存在显式解，迭代计算过程复杂而缓慢，而且通常需要做出十分严格的假设才能得到估计量的渐近性质。对 $s \neq j$ 的非参数函数 $g_s(x)$，利用第一阶段得到的初始估计 $\breve{g}_s(x) = \sum_{l=1}^{\kappa} \hat{\delta}_{sl} \pi_{sl}(x)$，将其与 $\widehat{\boldsymbol{\theta}}_i$ 一起代入（4.4）得：

$$y_{it} - \widehat{\boldsymbol{\theta}}_i' Q_t - \sum_{s=1}^{j-1} \breve{g}_s(x_{ist}) - \sum_{s=j+1}^{q} \breve{g}_s(x_{ist}) = \tilde{y}_{it} \approx g_j(x_{ijt}) + \nu_{it}$$

于是，模型就化为了一元完全非参数函数，利用第 2 章 2.1 节的局部线性估计方法，建立下面的目标函数：

$$\sum_{i=1}^{N}\sum_{t=1}^{T}\Big(\tilde{y}_{it}-g_j(x)-(x_{ijt}-x)\dot{g}_j(x)\Big)^2 K_h(x_{ijt}-x),$$

其中，$\dot{g}_j(x)$ 为 $g_j(x)$ 的一阶导数。由一阶导数等于零，可以得到 $g_j(x)$ 与 $\dot{g}_j(x)$ 的估计为：

$$(\hat{g}_j(x),\widehat{\dot{g}}_j(x))' = \Big(X_j'(x)W_{K_{h_j}}(x)X_j(x)\Big)^{-1}X_j'(x)W_{K_{h_j}}(x)\tilde{Y},$$

其中，$K_{h_j}(x)=K(x/h_j)/h_j$，$K(\cdot)$ 是核函数，$X_{ijt}^*(x)=(1,x_{ijt}-x)'$，

$$X_j(x)=(X_{1j1}^*(x),\cdots,X_{1jT}^*(x),\cdots,X_{Nj1}^*(x),\cdots,X_{NjT}^*(x))',$$

$W_{K_{h_j}}(x)=\mathrm{diag}(K_{h_j}(x_{1j1}-x),\cdots,K_{h_j}(x_{1jT}-x),\cdots,K_{h_j}(x_{Nj1}-x),\cdots,K_{h_j}(x_{NjT}-x))$，$\tilde{Y}=(\tilde{y}_{11},\cdots,\tilde{y}_{1T},\cdots,\tilde{y}_{N1},\cdots,\tilde{y}_{NT})'$。于是，我们利用序贯估计的方法，依次得到 $g_j(\cdot)$，$j=1,\cdots,q$ 的估计。最后得：

$$\widehat{\lambda_t'\mathbf{f}}=y_{it}-\sum_{j=1}^{q}\hat{g}_j(x_{ijt}). \tag{4.6}$$

4.3　蒙特卡罗模拟研究

为了验证估计方法的优良性，本节采用蒙特卡罗模拟方法研究其有限样本性质。

4.3.1　数值模拟例子

考虑如下数据生成过程 DGP（Data Generating Process）：

$$y_{it}=g_1(x_{i1t})+g_2(x_{i2t})+\alpha_{1i}f_{1t}+\alpha_{2i}f_{2t}+\varepsilon_{it}$$

$$g_1(x_{i1t})=0.8+0.4x_{i1t}-0.2x_{i1t}^2$$

$$g_2(x_{i2t})=-0.4-0.3x_{i2t}+0.1x_{i2t}^2$$

$$x_{ist}=c_{1si}+\Gamma_{1i,1s}f_{1t}+\Gamma_{1i,2s}f_{2t}+e_{1it,s}\ s=1,2$$

其中，随机误差项 ε_{it}, $e_{1it,1}$, $e_{1it,2}$ 独立同分布，服从 N(0,1) 分布；共同因子
$\mathbf{f}_{it} = (f_{1t}, f_{2t})'$ 相互独立，服从二维标准正态分布 $N((0,0)', I_2)$。

关于各回归系数，参考 Su 和 Jin（2012），假定 $\alpha_i = (\alpha_{1i}, \alpha_{2i})'$ 相互独立，服从 $N((0,0)', I_2)$；c_{1i} 相互独立，服从

$$c_{1i} = \begin{pmatrix} c_{11i} \\ c_{12i} \end{pmatrix} \sim \text{iid } N\left(\begin{pmatrix} 0.5 \\ 0.7 \end{pmatrix}, \begin{pmatrix} 1 & 0.5 \\ 0.5 & 1 \end{pmatrix} \right)$$

此外，$\text{Vec}(\Gamma_{1i}) = (\Gamma_{1i,11}, \Gamma_{1i,21}, \Gamma_{1i,12}, \Gamma_{1i,22})' \sim \text{iid } N(A, I_4)$，其中 $A = (1, 0, 0, 1)'$。

4.3.2　模拟结果

选择样本容量 $N = 500, T = 54$，重复 1000 次，得到 $g_1(x)$ 和 $g_2(x)$ 的估计，如图4-1 和4-2 所示。为了直观比较估计结果，图中同时给出了函数的真值曲线图，可见两条曲线几乎重合，这意味着本章的估计方法具有很好的一致性。

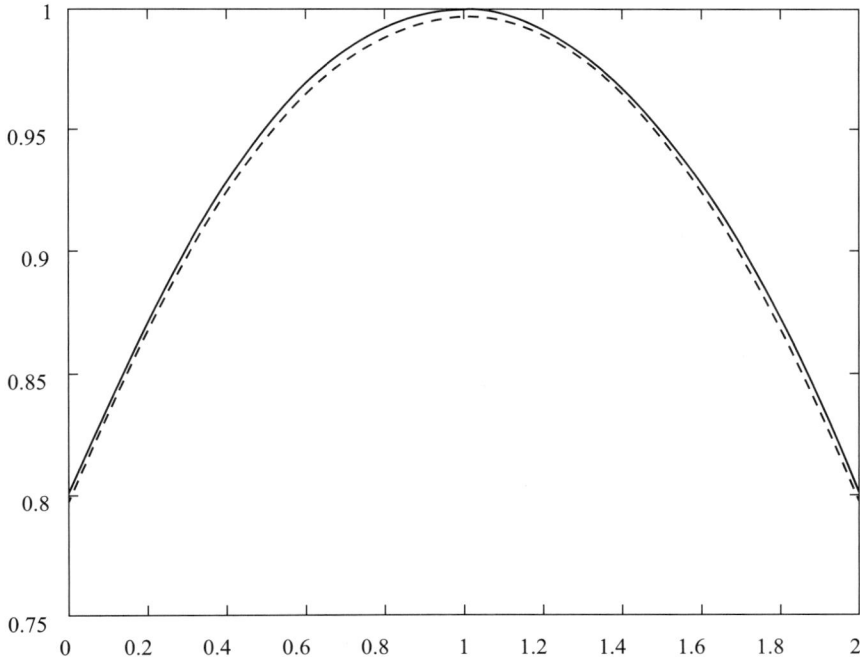

图 4-1　函数 $g_1(\cdot)$ 的估计值（虚线）与真实值（实线）

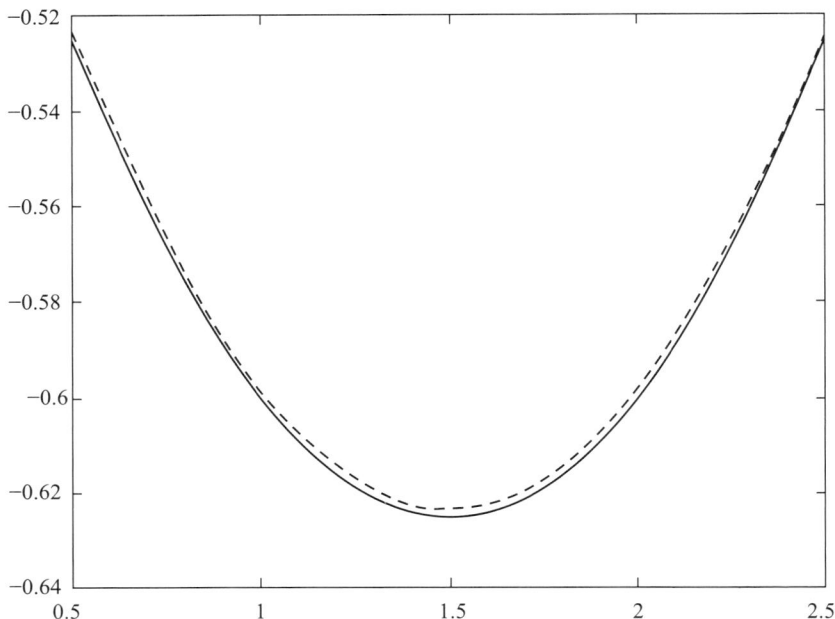

图 4–2　函数 $g_2(\cdot)$ 的估计值（虚线）与真实值（实线）

4.4　我国制造业企业的效率测算

4.4.1　数据来源与处理

我们选用的数据来自国家统计局建立的工业企业数据库,该数据库涵盖了工业部门中所有国有企业及规模以上非国有企业,其中 2011 年以前"规模以上"的非国有企业要求企业当年的销售额超过 500 万元,2011 年之后则要求超过 2 000万元。无论从企业的数量,还是资本总量而言,制造业企业的占比都占据了绝大多数。同时,数据库采用的产业分类标准及统计口径与国际相一致,因此该数据库是研究我国制造业现状的首选。

原始数据横跨 1998—2013 年,根据聂辉华等（2012）、陈林（2018）等的讨论可知,该数据库的原始数据在准确性方面存在一定问题,需要更审慎的检验和清理。我们通过下面的步骤对数据进行了一定的验证和处理,以确保数据的质量。

第一,选取数据库中的资产合计、主营业务收入、职工人数以及企业总产值四项指标,并剔除其中的缺失值,本节将各企业的微观数据分地区、分行业分别加总并与统计年鉴中对应的宏观数据进行比对。发现两者变动比例的绝对值不超过5%,一定程度上验证了数据的准确性。

第二,依据陈林(2018)的建议,我们从资本构成的角度对数据做进一步检验。以数据库中的实收资本总计是否等于各分项资本之和作为检验标准,在剔除了缺失值之后发现:1998—2009 年各年出现两者不相等的企业的个数小于 10 个;2011—2013 年这种企业的数量则升至 150 个左右,其中 2010 年的情况尤为特殊,大概有 30 多万个企业的分项资本之和和实收资本总计存在差异。

第三,调整统计口径。一方面,为了保持行业分类的一致性,将 2003 年之前企业的四位数行业代码调整为新的四位数代码。另一方面,只选用了 1998—2009 年规模以上制造业企业的数据,调整后的产业二位数代码为 13-43,以保证企业的规模一致和数据的准确性。

第四,删除了企业总产值、职工人数、固定资产净值缺失或小于等于零,企业固定资产原值大于净值、工业增加值大于总产值的样本。

由于数据库中并没有 2009 年的企业固定资产净值的记录,所以本文根据企业当年的固定资产合计值,减去相应的折旧值以构建 2009 年的固定资产净值。并参考聂辉华和贾瑞雪(2011)的做法,以 1998 年为基期,借助产出平减指数与投入平减指数,分别对现价计算的总产值与固定资产进行了平减①。最终得到 260 多万个有效观测值,占全部样本的 90%;有效企业个数则有 70 万余,占企业总数的88%。

4.4.2　变量的描述性统计

我们将企业按所有制分组,分为国有企业、集体企业、私营企业和外资企业四种企业所有制类型。各类企业在 2000—2009 年的占比变化,如图4-3 所示,其中,国有指国有企业、国有联营企业、国有集体联营企业及国有独资公司;集体指集体企业与集体联营企业;私营指私营独资、合伙企业、私营有限责任及股份有限公司;外资指外商与中国港澳台投资企业。由图4-3 显见,随着改革开放进程的加深,我国私营企业、外商和中国港澳台投资企业数量比重不断上升。进一步,这四类企业2000—2009 年每年的主营业务收入和固定资产规模不断增加,见表4-1。可见,私营企业的销售收入增长了 30 倍,固定资产增长了 25 倍。而外资企业,包括中国港

---

① 下文用到的数据都是经过平减后的不变价数据,不再一一标注。

澳台投资企业,虽然数量只有私营企业的一半,但其收入、固定资产较之更高。显然,2000—2009 年,外资企业的规模、技术和管理能力都比私营企业有优势。

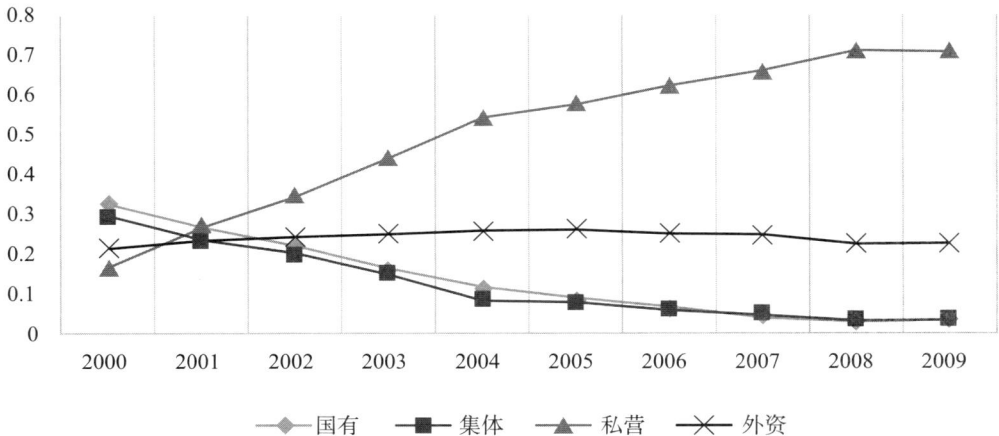

图 4-3　2000—2009 年规模以上不同注册类型企业比例

表 4-1　　　　　　　　　　　　主营业务收入和固定资产(亿元)

	主营业务收入(亿元)				固定资产(亿元)			
	国有	集体	私营	外资	国有	集体	私营	外资
2000	26 542.4	10 866.9	4 709.8	22 215.1	34 726.1	4 735.2	15 09.5	14 218.4
2001	24 229.1	8 900.8	7 777.8	25 521.5	37 153.6	3 935.2	2 125.7	15 360.3
2002	26 640.6	8 847.9	11 798.8	30 499.6	39 251.0	3 708.5	3 517.7	17 242.0
2003	30 708.4	8 841.3	19 522.3	42 707.7	41 506.9	3 593.7	6 022.7	21 107.8
2004	34 732.8	7 529.9	33 082.5	62 713.6	43 999.9	2 991.6	9 707.6	29 682.2
2005	42 655.3	8 480.0	45 660.9	76 736.2	45 888.0	2 768.3	12 669.9	34 166.2
2006	48 599.9	9 088.0	64 673.4	96 602.2	49 879.7	2 564.2	17 137.2	39 659.9
2007	57 084.5	10 044.6	90 116.4	122 431.7	54 515.8	2 396.2	22 183.6	48 543.0
2008	67 650.0	8 781.8	123 999.7	140 488.1	57 755.1	2 290.0	33 998.0	60 397.7
2009	70 530.0	9 357.8	142 620.4	149 151.1	59 157.0	1 486.6	40 254.4	64 917.4

资料来源:中国工业企业数据库整理。

改革开放催生了众多的私营企业,吸引了大量的国外资本,推动了我国市场经济的高速发展。充分的竞争、庞大的资本投入以及新兴技术的引入,给我国的制造业注入了巨大的活力。由经济学的外部性可知,这些变革和发展也相应地刺激了国有企业的长足进步。虽然图4-3中国有企业数量在不断下降,但表4-1中的数据说明,国企的销售收入与固定资产规模呈逐年上升态势。2009 年国企的主营业务收入是 2000 年收入的三倍左右,固定资产也是之前的近两倍。从固定资产总量来看,国有企业的规模要远高于私营企业,且国有企业的平均主营业务收入是私企的十倍左右。从国有企业的分布可以发现,国有资产不断向化工、装备制造以及通信等行业集中。这些行业关系重大国计民生,更需要大量资本与研发投入,是大多数私营企业能力所不能及的,这正是国有企业当发挥重大作用的所在。

4.4.3　模型

我们选取工业总产值的对数作为被解释变量。现有研究中,刘小玄和李双杰(2008)采用了企业的工业增加值作为因变量,但聂辉华和贾瑞雪(2011)指出工业增加值缺失年份太多,会影响面板数据的跨度。而利用总产值的另一个好处在于,可以衡量包括企业产后管理水平、中间投入获取能力等在内的技术效率(夏业良和程磊,2010)。同时,我们选用了企业职工人数 x_{ilt} 和固定资产净值 x_{ikt} 的对数作为解释变量。建立前文提出的模型进行效率测算:

$$\ln y_{it} = g_k\left(\ln x_{ikt}\right) + g_l(\ln x_{ilt}) + \boldsymbol{\lambda}_i^{'}\mathbf{f}_t + \varepsilon_{it}.$$

利用(4.6)可得 $\alpha_{it} = \boldsymbol{\lambda}_i^{'}\mathbf{f}_t$ 的估计值,进而得到效率测算。同时第二阶段的估计可以得到 $\widehat{g}_k(\cdot)$ 和 $\widehat{g}_l(\cdot)$ 的估计,由此可以分别得到不同投入要素水平下的资本和劳动的产出弹性。

4.4.4　技术效率测算结果

我们的模型可以测算各企业不同时期的技术效率,但在下面的分析中我们将从不同角度对企业进行分组,基于企业技术效率的分组计算结果进行讨论分析,有助于我们从更宽广的视角了解不同企业类型的共性和差异。

1. 不同行业间的技术效率

将测算所得的各企业技术效率按照行业分组计算平均值,我们选取展示的行业都是总产值占工业总产值比重较大且技术效率变化具有代表性的行业,数据由设定的模型测算而得,历年技术效率均值测算结果见图4-4 和图4-5。

从其历年变化情况可知,我国各类制造业的发展水平大致可以分为高中低三个水平。整体而言,各行业技术效率在不断提高,这表明伴随着改革开放,我国制造业企业技术创新能力和管理水平不断上升,发展情况良好。而多数行业的技术效率在 2008 年下跌,说明金融危机的剧烈冲击给企业的生产带来了较大的影响。

从分行业的情况来看,诸如通信与电子设备制造等高新技术行业、纺织与服装制造等传统轻工业得益于充足的人力资本、国家对新技术产业的大力扶持与投入,技术效率得以保持较高水平,实现了快速增长。而保持在中等水平的大多为非金属矿业、设备制造及烟草加工业等,企业技术效率增长缓慢。一方面由于这些行业要么具有垄断性,要么需要大量资本的投入,导致缺乏有效的竞争激励;另一方面可能由于资源配置效率较低、产能过剩导致的。最后,像食品制造业等行业由于技术附加值低、企业规模小,也在一定程度上阻碍了其技术效率的提升。

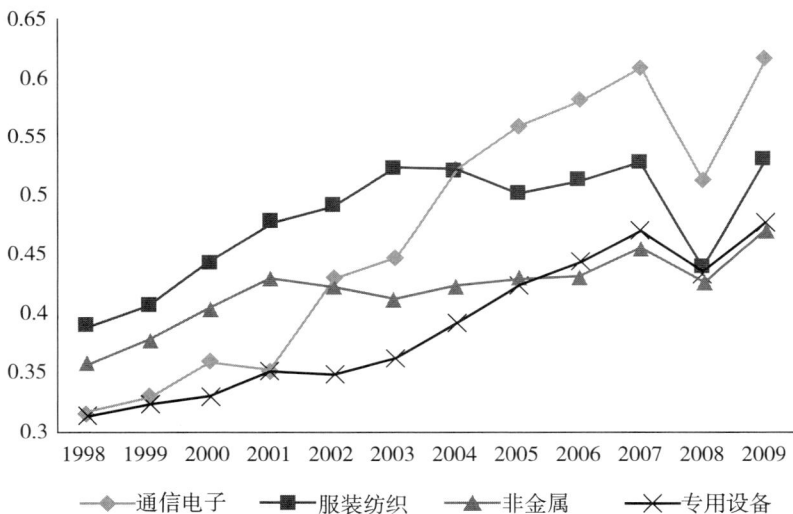

图 4-4 1998—2009 年部分行业的技术效率历年均值

2. 不同所有制企业的技术效率

刘小玄和李双杰(2008)指出,一些企业在改制、合并或重组后并不会更改其注册类型,利用注册类型无法十分准确地反映企业的所有制。故这里利用各项资本占实收资本的比例来界定企业的所有制类型,借鉴聂辉华等(2012)的方法,将企业实收资本中国家资本占比超 50% 的企业界定为国企,外商及中国港澳台资本超过 25% 的界定为外企,私人资本占比超过 50% 的界定为私企。三类企业的平均技术效率测算结果如图4-6 所示。

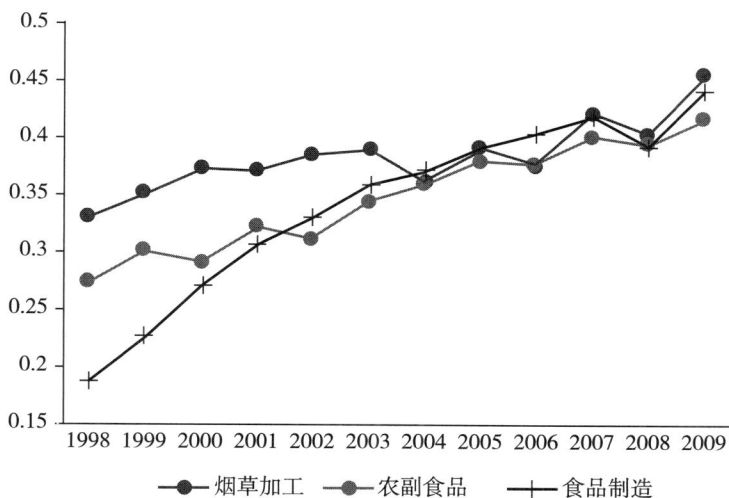

图 4-5　1998—2009 年部分行业的技术效率历年均值

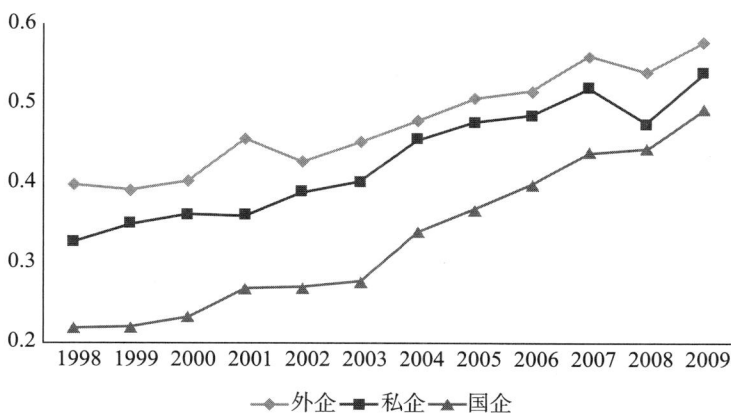

图 4-6　1998—2009 年不同所有制企业技术效率

　　由图4-6 可见,外资企业的技术效率最高,私企其次,而国企的效率一直相对较低。但是,从发展态势来看,国有企业的技术效率增速最快,1998—2009 年共增加了 27 个百分点,提升了一倍左右。2008 年的金融危机带来的市场波动降低了私企、外资企业的效率,但国有企业并没有受到太大的影响,保障了我国经济的稳定。

　　从测算结果来看,国有企业技术效率的发展大致可以划分为三个阶段。2000 年之前国企的技术效率一直维持在一个较低的水平,这与当时国企制度不完善、权责模糊及企业冗余、负担过重等原因密切相关。这个阶段国企改革主要以盘活国有资产、优化布局及推进股份制、公司制试点以及建立现代企业制度为主要目标。这些措施卓有成效,随着产权的明晰,管理规范的现代企业制度的完善,国企的技术效率自 2000 年开始缓步提升。在此基础上,党的十六大提出了深化国有资产管理体制改革的重要任务。2004 年以来,随着各级国有资产管理机构的成立,监督与管理制度不断完善,国有企业的技术效率实现了快速增长。

外来资本带来的不仅是资金,更会带来先进的生产技术以及管理经验。蓬勃发展的私营企业给市场增添了新鲜血液。激烈的竞争、生产要素不断优化重组,促进了企业技术效率的提升。对比历年数据就可以发现,国有企业与外企、私企的差距正在不断缩小,市场化改革释放并刺激了企业内在的动力,带动了我国经济的持续增长。

4.4.5 投入要素的产出弹性变化

我们不仅测算了技术效率,还估计了劳动和资本在不同投入要素水平下的要素产出弹性。劳动的产出弹性见图4-7 所示,其中横轴表示职工人数对数,取值范围为从样本 5% 到 95% 样本分位点,纵轴是估计所得的劳动产出弹性。可见,劳动产出弹性在 0.50~0.66。

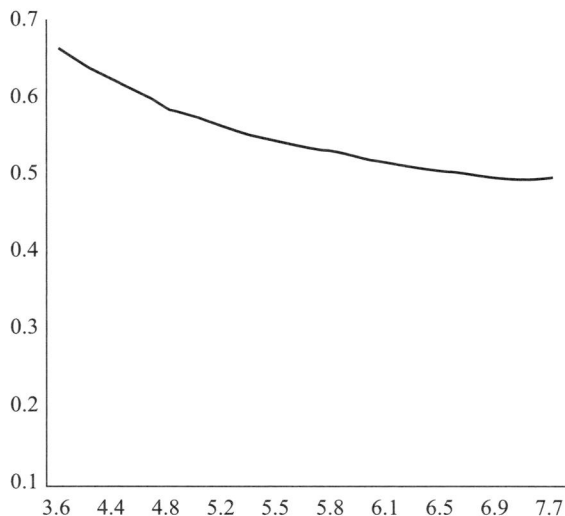

图 4-7 劳动产出弹性的估计结果

　　资本的产出弹性见图4-8 所示,其中横轴表示固定净资产对数,取值范围为从样本 5% 到 95% 样本分位点,纵轴是估计所得的资本产出弹性。可见,资本产出弹性在 0.3~0.46。

　　测算结果与现有文献中基于 CD 生产函数估得到的弹性大致相同,参见刘小玄和李双杰(2008),也间接验证了参数模型设定的合理性。但与 CD 生产函数只能估计投入要素的平均产出弹性不同,我们的模型能够估算劳动的产出弹性和资本的产出弹性随要素水平变动而变动的情形。

　　由图4-7 可见,劳动投入的产出弹性在开始时呈现缓慢的下降趋势,随着劳动投入的上升,这一趋势有所减缓,弹性保持了相对稳定。而由图4-8 可见,资本的产出弹性在最初的上升之后保持了一段水平趋势,之后则随着资本的进一步增加开始缓慢下降。这些边际变化说明,对我国当前的经济环境而言,单纯依靠资本或者劳动数量上的投入将无法带来持续高速的产出增益。优化要素结构,促进企业技术创新,完善管理制度等,才能更好地带动经济高质量发展。只有推动制造业从数量优势向质量提升转型,才能顺利实现习近平总书记提出的社会主义现代化强国的目标。

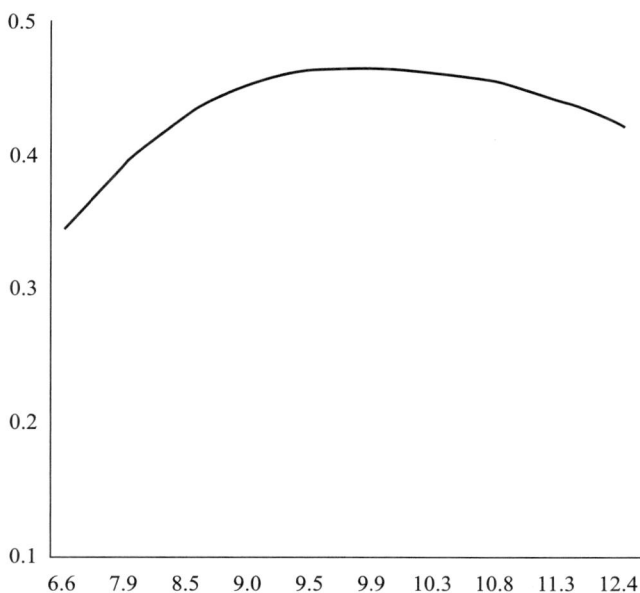

图 4-8　资本产出弹性的估计结果

4.5 结论

提升企业技术效率是解决经济增长动力不足的重要举措,也是供给侧改革的重心,因而其准确测度是基本前提。常用的 SFA 模型,需要非效率项分布已知,无法刻画技术效率的异质性或时变性,还要求随机误差项和非效率项相互独立且与投入要素独立。限制性过强,与现实情况相去甚远。另一方面,模型的参数设定,如 Cobb-Douglas 生产函数无法估计出要素生产弹性的边际变化。为了克服这些不足,同时降低模型设定的偏误,我们提出了一类可加面板数据因子模型,并基于 Pesaran(2006)的 CCE 方法和非参数方法建立了模型非参数的两阶段估计,进而得到技术效率的估计和各投入要素的产出弹性。蒙特卡罗模拟结果验证了我们提出的估计方法表现良好。

基于该模型,我们采用 1998—2009 年工业企业数据库规模以上企业数据,在对数据真实性做了充分检验、确保数据质量之后,测算了各企业历年的技术效率。我们发现:改革开放以来,我国制造业技术效率逐年提升,部分高科技产业实现了较高的技术效率增长水平;诸如装备制造、化工等产业存在产能过剩的问题,有待优化布局、增进竞争;私营企业和外资企业较国有企业而言,技术效率更有优势。但国有企业改革措施卓有成效,国企技术效率增速很快,差距在不断缩小。此外,我国企业产出弹性呈现轻微的递减趋势,意味着深化供给侧结构性改革,从量的投入向质的提升的经济结构转变迫在眉睫。

第 5 章

连续多门槛面板数据因子模型及其应用

5.1 引言

许多实际应用要解决的问题之一是,建立能够刻画经济变量间数量关系的回归模型。学者们通过对具体经济问题的深入研究后发现,线性回归模型在解释经济变量间潜在关系时存在一定的局限性。这一假设忽略了解释变量和被解释变量之间可能存在的非线性关系。若在回归模型中忽视这种可能存在的非线性关系,则往往无法获得感兴趣参数的一致估计。

5.1.1 门槛回归模型

目前,函数形式设定的研究工作得到了越来越多学者的关注,如 Pace 等(2004)研究了因变量或自变量的某种非线性函数变换。Tong(1983、1990)提出的门槛回归模型在经济学和统计学领域均引起了广泛关注,并广泛应用于时间序列数据和横截面数据的分析中。该模型通过将样本按照是否超过特定门槛值进行分类,设定不同的回归系数,能够研究其对被解释变量的非线性影响。已有研究大多讨论门槛回归模型(threshold model),该模型假定回归函数在阈值点处不连续,如 Chan 和 Tong(1990)、Chan(1993)、Tsay(1998)、Hansen(2000)、Caner 和 Hansen(2004)、Lee 等(2011)等。

相比于不连续(跳跃)门槛回归模型,连续门槛回归模型(也称为折点回归模型,Kink Regression Model)在实证应用中可能更具有吸引力。因为我们没有理由假设回归函数是不连续的,这一点在 Card 等(2012)和 Landais(2015)的研究中得到了验证。所以,连续门槛回归模型可以被视为是对不连续门槛回归模型的改进,并且是处理许多数据中非线性特征的有效工具。关于连续门槛回归模型的推断,相关文献包括 Chan 和 Tsay(1998)、Li 等(2011)、Hansen(2017)、Chen(2021)。此外,Hidalgo 等(2019)提出了一种新的推断方法,该方法不需要事先假设究竟是建立跳跃门槛模型还是连续门槛模型,方法均表现出良好的稳健性。

5.1.2 面板数据因子模型

面板数据模型由于能够控制不可观测的个体效应或时间维度上的共同冲击降低模型遗漏变量偏误而得到了广泛应用,参见宋弘和罗长远(2021)、尹志超等(2022)、凌润泽等(2023)、姚加权等(2024),等等。虽然常见的微观面板数据一般是短面板(观测期数 T 较小),但其时间频率往往是年度或者 $4 \sim 5$ 年不等,因此样本期时间跨度可能相对较长。在这样的时间跨度中,往往受到难以度量的政策环境等外部共同冲击,且由于个体自身情况不同,导致时间冲击对个体的影响不同,或者说个体对冲击的敏感程度或反应不同。另一方面,不管是因变量还是解释变量都或多或少地受到了这些共同冲击的影响。如果将这些不可观测变量都归入随机误差项,将导致内生性问题。

本书第 1 章 1.3 介绍过面板数据因子模型,该模型将不可观测共同冲击和不可观测个体效应以交叉项的形式引入回归模型中,能够缓解遗漏变量偏误和模型设定偏误,具有广泛的应用前景,参见 Lee 和 Schmidt(1993)、Friedberg(1998)、Karagiannis 和 Tzouvelekas(2007)、施新政等(2019)等。如何处理交互效应部分是这类模型估计的难点。

尽管 T 有限,但由于这些不可观测个体特征变量数目 N 较大,导致无法通过引入个体与时间虚拟变量的交叉项方法进行处理,需要发展新的方法。

5.1.3 本章研究内容

本章我们将结合两类模型的优点,提出一类新的连续多门槛面板数据因子模型。该模型假定感兴趣的解释变量对因变量的影响存在门槛效应,且由于有面板数据,我们在模型中显式引入不可观测时间效应和个体效应的交互项,以增加模型设定的灵活性和可解释性,使我们能更加准确地描述和解释经济现象,为经济政策制定提供科学依据。

不同于现有的连续门槛回归模型,我们的模型允许存在多个门槛值,且门槛个数未知,由数据确定。我们将在大 N 小 T 的设定下,研究模型未知参数的估计。模型估计的难点,一方面在于交互效应的处理;另一方面,由于模型门槛参数的非线性导致估计不存在解析解,容易陷入局部最优。我们借鉴 Wood(2001)提出的自举重启优化方法克服该问题。同时,感兴趣的解释变量可能由于遗漏变量和反向因果关系导致解释变量可能存在内生性。我们提出的 GMM 矩估计方法能够运用工具变量解决这一问题。然后,我们利用蒙特卡罗方法验证估计的表现,并将模型应用于实际经济问题的分析。

5.2 模型及估计

5.2.1 模型

我们假定连续多门槛面板数据因子模型中具有 J 个未知转折点($J \geqslant 1$),并且模型中包含不可观测多维因子结构,也可视为交互效应结构。即,对 $i = 1, \cdots, N; t = 1, \cdots, T$,令 y_{it} 表示第 i 个个体在时刻 t 的因变量,假设它服从以下连续分段线性回归模型:

$$y_{it} = \begin{cases} \alpha_1 + \beta_1 x_{it} + \mathbf{z}'_{it}\boldsymbol{\gamma} + \boldsymbol{\lambda}'_i \mathbf{f}_t + \epsilon_{it} & x_{it} \leqslant \tau_1 \\ \alpha_2 + \beta_2 x_{it} + \mathbf{z}'_{it}\boldsymbol{\gamma} + \boldsymbol{\lambda}'_i \mathbf{f}_t + \epsilon_{it} & \tau_1 < x_{it} \leqslant \tau_2 \\ \vdots & \vdots \\ \alpha_J + \beta_J x_{it} + \mathbf{z}'_{it}\boldsymbol{\gamma} + \boldsymbol{\lambda}'_i \mathbf{f}_t + \epsilon_{it} & \tau_{J-1} < x_{it} \leqslant \tau_J \\ \alpha_{J+1} + \beta_{J+1} x_{it} + \mathbf{z}'_{it}\boldsymbol{\gamma} + \boldsymbol{\lambda}'_i \mathbf{f}_t + \epsilon_{it} & x_{it} > \tau_J \end{cases} \tag{5.1}$$

满足

$$\alpha_k + \beta_k \tau_k = \alpha_{k+1} + \beta_{k+1}\tau_k, \; k = 1, \cdots, J, \tag{5.2}$$

其中,x_{it} 为一维连续解释变量,α_j,β_j,$j = 1, \cdots J+1$,为未知回归系数,τ_j,$j = 1, \cdots, J$ 为不可观测转折点(门槛值),$\mathbf{z}_{it}$ 为 q 维解释变量,$\boldsymbol{\gamma}$ 为其未知回归参数向量,$\boldsymbol{\lambda}_i$ 为 r 维不可观测个体特征,$\mathbf{f}_t$ 为 r 维不可观测共同冲击,ϵ_{it} 为相互独立的随机误差项。(5.2)限定了(5.1)中各段的回归函数是连续的。

　　由于上述连续分段模型中具有许多冗余参数和约束条件,因此表述有些过于复杂,我们使用指示函数 $\mathbf{1}(\cdot)$ 将模型(5.1)和(5.2)重新参数化为:

$$y_{it} = \delta_0 + \delta_1 x_{it} + \mathbf{z}_{it}^{'}\boldsymbol{\gamma} + \sum_{k=1}^{J} \theta_k(x_{it} - \tau_k)\mathbf{1}(x_{it} > \tau_k) + \boldsymbol{\lambda}_i^{'}\mathbf{f}_t + \epsilon_{it} \qquad (5.3)$$

其中,$\delta_0 = \alpha_1, \delta_1 = \beta_1, \theta_k = \beta_{k+1} - \beta_k$ 表示 x_{it} 在转折点 τ_k 的左右两侧 x_{it} 的回归系数差异。因此,$\theta_k \neq 0$ 意味着在 $x_{it} = \tau_k$ 处存在转折点效应(kink effect)或者连续门槛效应。我们称模型(5.3)为连续多门槛面板数据因子模型、连续多门槛面板数据交互效应模型或多折点面板数据交互效应模型。

　　由于经济系统中的共同冲击 $\mathbf{f}_t$ 不仅影响因变量,也可能影响解释变量,因此 $\mathbf{f}_t$ 与解释变量相关。同样,我们也允许不可观测个体效应 $\boldsymbol{\lambda}_i$ 与解释变量 $x_{it}, \mathbf{z}_{it}$ 相关,解释变量 $x_{it}, \mathbf{z}_{it}$ 可以是内生解释变量,也可以是外生解释变量。该模型能够刻画感兴趣解释变量 x_{it} 对因变量可能存在的非线性影响效应,且易于解释。显见,当不存在转折点效应时,模型(5.3)就化成了常见的面板数据因子模型(也称为面板数据交互效应模型):

$$y_{it} = \delta_0 + \delta_1 x_{it} + \mathbf{z}_{it}^{'}\boldsymbol{\gamma} + \boldsymbol{\lambda}_i^{'}\mathbf{f}_t + \epsilon_{it} \qquad (5.4)$$

　　由于 $\boldsymbol{\lambda}_i$ 与 $\mathbf{f}_t$ 可能与解释变量相关,因此将交互效应归入随机误差项,采用非线性最小二乘方法得到的参数估计是非一致的。且由于实际应用中微观面板调查数据往往是截面个体数量多而时间观测期数少,即大 N 小 T 情形。因此,交互效应的处理是模型估计的难点。显然,模型(5.3)中的 $\boldsymbol{\lambda}_i$ 与 $\mathbf{f}_t$ 并不是唯一确定的,但我们感兴趣的是模型中转折点个数 J,未知回归系数 $\delta_0, \delta_1, \tau_1, \cdots, \tau_J, \boldsymbol{\gamma}$ 的估计,因此我们只需要找到处理交互效应的合适方法即可,而不是试图去识别和估计它们。

　　下面我们首先在转折点个数 J 给定时,讨论模型参数的估计;然后再给出转折点个数未知时的估计。

5.2.2　J 给定时参数的估计方法

　　引入符号:$\mathbf{y}_i = (y_{i1}, \cdots, y_{iT})^{'}$, $\mathbf{s}_{it} = (1, x_{it}, \mathbf{z}_{it}^{'})^{'}$, $S_i = (\mathbf{s}_{i1}, \cdots, \mathbf{s}_{iT})^{'}$, $\boldsymbol{\epsilon}_i = (\epsilon_{i1}, \cdots, \epsilon_{iT})^{'}$, $F = (\mathbf{f}_1, \cdots, \mathbf{f}_T)^{'}$, $(x_{it} - \tau_k)_+ = (x_{it} - \tau_k)\mathbf{1}(x_{it} > \tau_k)$, $\boldsymbol{\tau} = (\tau_1, \cdots, \tau_J)^{'}$, $\mathbf{x}_{it}(\boldsymbol{\tau}) = ((x_{it} - \tau_1)_+, \cdots, (x_{it} - \tau_J)_+)^{'}$ $X_i(\boldsymbol{\tau}) = (\mathbf{x}_{i1}(\boldsymbol{\tau}), \cdots, \mathbf{x}_{iT}(\boldsymbol{\tau}))^{'}$,

$\boldsymbol{\theta} = (\theta_1, \cdots, \theta_J)'$, $\boldsymbol{\xi} = (\delta_0, \delta_1, \boldsymbol{\gamma}')'$，则（5.3）可以写为：

$$\mathbf{y}_i = X_i(\boldsymbol{\tau})\boldsymbol{\theta} + S_i\boldsymbol{\xi} + F\boldsymbol{\lambda}_i + \boldsymbol{\epsilon}_i, \ i = 1, \cdots, N. \tag{5.5}$$

记 $\mathbf{w}_i$ 为由所有可获得工具变量组成的 d 维列向量（$d \geqslant 2 + q + 2J$），如果解释变量均是外生的，则就是基于模型中的外生解释变量组成的，如 S_i 及其函数；如果解释变量中存在内生变量，则可以从模型外选择工具变量。令 $R = \mathrm{diag}(R_1, \cdots, R_T)$ 为第 t 个对角线元素为分块矩阵 R_t 的分块对角矩阵，其中代表性分块矩阵 R_t 是由 0 和 1 组成的 $l_t \times d$ 阶选择矩阵，它能够从 $\mathbf{w}_i$ 中挑选出时刻 t 的 l_t 个有效工具变量。

令 $W_i' = R(I_T \otimes \mathbf{w}_i)$，其中 I_T 为 T 阶单位矩阵。我们可以得到下面的总体矩：

$$
\begin{aligned}
E(W_i'\boldsymbol{\epsilon}_i) &= E(W_i'(\mathbf{y}_i - X_i(\boldsymbol{\tau})\boldsymbol{\theta} - S_i\boldsymbol{\xi}) - R\,\mathrm{Vec}(GF') \\
&= E(W_i'(\mathbf{y}_i - X_i(\boldsymbol{\tau})\boldsymbol{\theta} - S_i\boldsymbol{\xi}) - R(F \otimes I_d)\,\mathrm{Vec}(G) = 0
\end{aligned}
$$

其中，$G = E(\mathbf{w}_i\boldsymbol{\lambda}_i')$，$\mathrm{Vec}(B)$ 为按照矩阵 B 的第一列到最后一列依次叠加形成的列向量。

因为我们比较容易找到 $\mathbf{f}_t$ 的代理变量向量，记为 $\hat{\mathbf{f}}_t$，如利用第 1 章 1.3 节中的方法，使用解释变量和因变量在时刻 t 的截面均值作为代理变量。我们记 F 的代理矩阵为 $\hat{F}_e$。记 $\mathbf{g} = \mathrm{Vec}(G(A^{-1}))'$，$A$ 为某未知可逆矩阵，$\boldsymbol{\zeta} = (\boldsymbol{\theta}', \boldsymbol{\xi}', \mathbf{g}')'$，定义如下 $l = \sum\limits_{t=1}^{T} l_t$ 个关于参数 $\{\boldsymbol{\zeta}, \boldsymbol{\tau}\}$ 的函数：

$$\boldsymbol{\mu}_i(\boldsymbol{\zeta}, \boldsymbol{\tau}) = W_i'(\mathbf{y}_i - X_i(\boldsymbol{\tau})\boldsymbol{\theta} - S_i\boldsymbol{\xi}) - R(\hat{F}_e \otimes I_d)\mathbf{g}, \ i = 1, \cdots, N \tag{5.6}$$

对正定矩阵 Ω，GMM 估计的目标函数为：

$$Q(\boldsymbol{\zeta}, \boldsymbol{\tau}) = \left(\frac{1}{N}\sum_{i=1}^{N}\boldsymbol{\mu}_i(\boldsymbol{\zeta}, \boldsymbol{\tau})\right)' \Omega \left(\frac{1}{N}\sum_{i=1}^{N}\boldsymbol{\mu}_i(\boldsymbol{\zeta}, \boldsymbol{\tau})\right) \tag{5.7}$$

于是，GMM 估计 $(\hat{\boldsymbol{\zeta}}, \hat{\boldsymbol{\tau}})$ 是使目标函数 $Q(\boldsymbol{\zeta}, \boldsymbol{\tau})$ 达到最小时的取值：

$$(\hat{\boldsymbol{\zeta}}, \hat{\boldsymbol{\tau}}) = \mathrm{argmin}Q(\boldsymbol{\zeta}, \boldsymbol{\tau}) \tag{5.8}$$

该目标函数 $Q(\boldsymbol{\zeta}, \boldsymbol{\tau})$ 是 $\boldsymbol{\zeta}$ 的二次函数，但关于 $\boldsymbol{\tau}$ 是非凸的。从计算的角度来看，利用迭代方法更容易求解最小值问题（5.8）。具体的，对于给定的 $\boldsymbol{\tau}$，（5.6）是 $\boldsymbol{\zeta}$ 的

线性函数。此时，我们可以利用现成的线性模型 GMM 估计方法得到 (5.8) 的条件 GMM 估计值，记为 $\hat{\zeta}(\boldsymbol{\tau})$。对于给定的 ζ，由于 $Q(\zeta, \boldsymbol{\tau})$ 在 $\boldsymbol{\tau}$ 处不可导，我们尝试利用局部线性近似方法。为了避免陷入局部最小解，结合 Wood（2001）提出的自举重启（bootstrap restart）优化方法求解 (5.8)。具体算法见下节。

5.2.3　J 的估计

记 $Q(\hat{\zeta}, \hat{\boldsymbol{\tau}}|J)$ 为利用 J 个转折点得到的 $Q(\hat{\zeta}, \hat{\boldsymbol{\tau}})$ 取值，假定 J 的最大可能取值为 $J_{\max}$，则

$$
\begin{aligned}
\widehat{J} &= \operatorname{argmin}_{1 \leqslant J \leqslant J_{\max}} sBIC(J) \\
&= \operatorname{argmin}_{1 \leqslant J \leqslant J_{\max}} \left\{ \log(Q(\hat{\zeta}, \hat{\boldsymbol{\tau}}|J)) + (q + 2 + 2J)\frac{\log N}{N}C_N \right\}
\end{aligned}
$$

其中，$C_N > 0$ 可以取常数也可以是趋向于无穷的常数，如 $C_N = 1, \log(\log N)$，$\log N$ 等。

5.3　GMM 估计的数值求解

5.3.1　自举重启优化方法

本节介绍的算法中，我们假设 ζ 是已知的，并假定 J 是给定的。虽然 J 给定了，但对任意的 $k = 1, \cdots, J$，$(x_{it} - \tau_k)_+$ 不可观测且在 τ_k 处不可导。对在 $\tau_{k(0)}$ 领域内的 τ_k，我们利用 $\tau_{k(0)}$ 处的局部线性函数去近似 $(x_{it} - \tau_k)_+$：

$$(x_{it} - \tau_k)\mathbf{1}(x_{it} > \tau_k) \approx (x_{it} - \tau_{k(0)})\mathbf{1}(x_{it} > \tau_{k(0)}) - (\tau_k - \tau_{k(0)})\mathbf{1}(x_{it} > \tau_{k(0)})$$

于是，

$$X_i(\boldsymbol{\tau}) \approx X_i(\boldsymbol{\tau}_{(0)}) + V_i(\boldsymbol{\tau}_{(0)})\operatorname{diag}((\tau_1 - \tau_{1(0)}), \cdots, (\tau_J - \tau_{J(0)}))$$

其中，$\boldsymbol{\tau}_{(0)} = (\tau_{1(0)}, \cdots, \tau_{J(0)})'$，$v_{it}(\boldsymbol{\tau}_{(0)}) = -(\mathbf{1}(x_{it} > \tau_{1(0)}), \cdots, \mathbf{1}(x_{it} > \tau_{J(0)}))'$，$V_i(\boldsymbol{\tau}_{(0)}) = (v_{i1}(\boldsymbol{\tau}_{(0)}), \cdots, v_{iT}(\boldsymbol{\tau}_{(0)}))'$。则对给定的 ζ，（5.6）近似等于

$$\tilde{\boldsymbol{\mu}}_i(\boldsymbol{\tau}) = W_i'(\mathbf{y}_i - X_i(\boldsymbol{\tau}_{(0)})\boldsymbol{\theta} - S_i\boldsymbol{\xi}) - R(\hat{F}_e \otimes I_r)\mathbf{g} - W_i'V_i(\boldsymbol{\tau}_{(0)})\boldsymbol{\phi} \qquad (5.9)$$

其中，$\phi_k = \theta_k(\tau_k - \tau_{k(0)})$，$\boldsymbol{\phi} = (\phi_1, \cdots, \phi_J)'$。若我们能够找到 $\boldsymbol{\tau}$ 的某初始值 $\boldsymbol{\tau}_{(0)}$，则 $\boldsymbol{\phi}$ 的估计使下式达到最小的取值：

$$Q^*_{\boldsymbol{\zeta}}(\boldsymbol{\tau}) = \left(\frac{1}{N} \sum_{i=1}^N \tilde{\boldsymbol{\mu}}_i(\boldsymbol{\tau}) \right)' \Omega \left(\frac{1}{N} \sum_{i=1}^N \tilde{\boldsymbol{\mu}}_i(\boldsymbol{\tau}) \right) \tag{5.10}$$

于是，$\boldsymbol{\tau}$ 的更新估计为：$\hat{\tau}_k = \tau_{k(0)} + \hat{\phi}_k / \hat{\theta}_k$。但是，根据 Zhong 等（2022）的研究，如果 $\boldsymbol{\tau}$ 的初始值没有选好，那么在第 j 次迭代过程中，$\hat{\boldsymbol{\tau}}_{(j)}$ 的某些元素取值可能落在解释变量 x_{it} 的支撑集外，或者会与另一个转折点（kink point）非常接近，使其难以区分。为此，我们定义如下不可取点集 Γ：

$$\Gamma = \{\hat{\tau}_k : (\hat{\tau}_k \notin [-M, M]) \cup (|\hat{\tau}_k - \hat{\tau}_j| < \Delta, \text{其中 } \Delta \text{ 较小}, k \neq j)\}.$$

另一方面，局部线性逼近技术对初始值 $\boldsymbol{\tau}_{(0)}$ 非常敏感，这使得算法容易陷入局部最优解。为了解决这个问题，我们采用自举重启（BR）优化方法（Wood，2001）。BR 算法的主要思想非常简单，对于给定的 $\boldsymbol{\zeta}$，其思路如下：

（1）给定初始值 $\boldsymbol{\tau}_{(0)}$，找到使 $Q^*_{\boldsymbol{\zeta}}(\boldsymbol{\tau})$ 达到最小的参数 $\boldsymbol{\tau}$ 的取值，记为 $\hat{\boldsymbol{\tau}}_{(0)}$；

对 $j = 1, 2, \cdots$，重复以下步骤（2）—（4）直至收敛；

（2）有放回地从原样本数据中随机抽取生成一个非参数自举样本 $\{y_{it}, x_{it}, \mathbf{z}_{it}\}$。利用 $\hat{\boldsymbol{\tau}}_{(j-1)}$ 作为初始值，使用自举样本找到使 $Q^*_{\boldsymbol{\zeta}}(\boldsymbol{\tau})$ 达到最小的自举估计 $\boldsymbol{\tau}^*_{(j)}$；

（3）利用自举估计 $\boldsymbol{\tau}^*_{(j)}$ 作为初始值，找到使 $Q^*_{\boldsymbol{\zeta}}(\boldsymbol{\tau})$ 达到最小的估计 $\tilde{\boldsymbol{\tau}}_{(j)}$；

（4）如果 $Q^*_{\boldsymbol{\zeta}}(\tilde{\boldsymbol{\tau}}_{(j)}) < Q^*_{\boldsymbol{\zeta}}(\hat{\boldsymbol{\tau}}_{(j-1)})$，则令 $\hat{\boldsymbol{\tau}}_{(j)} = \tilde{\boldsymbol{\tau}}_{(j)}$，否则令 $\hat{\boldsymbol{\tau}}_{(j)} = \hat{\boldsymbol{\tau}}_{(j-1)}$。

5.3.2　GMM 估计的算法

结合自举重启优化方法，（5.8）的 GMM 估计可由下面的算法得到。

（1）初始值：在 x_{it} 的取值范围上均匀取 J 个值作为初始值 $\boldsymbol{\tau}_{(0)}$；

（2）将（5.7）的 $\boldsymbol{\tau}$ 替换为 $\boldsymbol{\tau}_{(0)}$，关于 $\boldsymbol{\zeta}$ 最小化 $Q(\boldsymbol{\zeta}, \boldsymbol{\tau}_{(0)})$ 得 $\hat{\boldsymbol{\zeta}}_{(0)}$；

（3）给定 $\boldsymbol{\zeta} = \hat{\boldsymbol{\zeta}}_{(0)}$，利用自举重启优化方法计算 $\hat{\boldsymbol{\tau}}_{(0)}$；

（4）重复执行步骤（2）—（3）直至收敛。

记（5.7）中 $\Omega = I$ 时的 GMM 估计为 GMM1; $\Omega = \dfrac{1}{N}\sum_{i=1}^{N}\boldsymbol{\mu}_i(\hat{\boldsymbol{\zeta}},\hat{\boldsymbol{\tau}})\boldsymbol{\mu}_i^{'}(\hat{\boldsymbol{\zeta}},\hat{\boldsymbol{\tau}})$ 时得到的 GMM 估计为有效 GMM 估计，其中 $\hat{\boldsymbol{\zeta}},\hat{\boldsymbol{\tau}}$ 为 GMM1 估计。

5.4　蒙特卡罗模拟研究

我们利用蒙特卡罗模拟方法，验证本章提出的估计方法在有限样本下的表现。

5.4.1　数值模拟例子

设如下数据生成过程：

$$y_{it} = \delta_0 + \delta_1 x_{it,1} + \sum_{k=1}^{J}\theta_k(x_{it,1} - \tau_k)1(x_{it,1} > \tau_k) + \gamma x_{it,2} + \lambda_{i,1}f_{1t} + \lambda_{i,2}f_{2t} + \varepsilon_{it}$$

其中，参数 $\delta_0 = 0.5$，$\delta_1 = 1$；不可观测个体效应 $\lambda_{i,1}$ 和 $\lambda_{i,2}$ 分别独立取自正态分布 $N(1, 0.5)$ 和 $N(-1, 0.5)$；不可观测时变因子 f_{1t} 和 f_{2t} 分别取自均匀分布 $U(-3, 3)$ 和 $U(-2, 2)$；解释变量 $x_{it,1}$ 和 $x_{it,2}$ 满足如下生成过程：

$$
\begin{aligned}
x_{it,1} &= \alpha_{1i}f_{1t} + 0.4f_{2t} + 0.5z_{it} + u_{it,1} \\
x_{it,2} &= 0.6f_{1t} + \alpha_{2i}f_{2t} + u_{it,2}
\end{aligned}
$$

其中，α_{1i} 和 α_{2i} 分别独立取自 $N(1, 1)$ 和 $N(-1, 1)$；$z_{it} \sim N(1, 2)$；误差项 $u_{it,1}$ 和 $u_{it,2}$ 服从分布 $N(0, 0.5)$。显见，解释变量与不可观测时变因子存在相关性。若将模型中的交互项归入随机误差项，会产生内生性问题，此时，如果采用非线性最小二乘方法进行估计，则无法得到参数的一致估计。随机误差项 ε_{it} 服从如下生成过程：

$$\varepsilon_{it} = \rho u_{it,1} + 0.4\varepsilon_{it-1}$$

显然，ρ 决定了模型中解释变量 $x_{it,1}$，$x_{it,2}$ 与随机误差项 ε_{it} 之间的相关性，模拟计算中我们将取不同的 ρ 值用于控制解释变量的内生性程度。从 $N(0, 0.5)$ 中生成 ε_{i0}，并根据上述过程生成 $T + 500$ 期的时间序列 $\{\varepsilon_{it}\}_{t=1}^{T+500}$，舍去前 500 期数据，确保数据不受初始取值的影响。

本节考虑了两类数据生成过程,以检验具有不同转折点个数时本章估计方法的表现。

第一类数据生成过程 DGP1:假定有 2 个转折点,即 $J = 2$,根据参数不同取值分成如下 3 种数据生成过程:

(1)DGP1-1:$\tau_1 = -1$、$\tau_2 = 1$;$\theta_1 = 1$、$\theta_2 = 2$;$\rho = 0.3$;

(2)DGP1-2:τ_1、τ_2、θ_1 和 ρ 的取值同 DGP1-1,但令 $\theta_2 = 1.5$,此时转折点两侧的系数差异相对较小;

(3)DGP1-3:除了 $\rho = 0.6$,其余各参数取值同 DGP1-2,此时不仅转折点两侧的系数差异相对较小而且内生性问题较为严重。

第二类数据生成过程 DGP2:假定存在 3 个转折点,即 $J = 3$,根据参数不同取值分成如下 3 种数据生成过程:

(1)DGP2-1:$\tau_1 = -1.5$、$\tau_2 = 0$;$\theta_1 = 0.5$、$\theta_2 = 1.5$、$\theta_3 = 2.5$;$\rho = 0.3$;

(2)DGP2-2:$\theta_2 = 1$、$\theta_3 = 1.5$,τ_1、τ_2 和 ρ 的取值同 DGP2-1,此时转折点两侧的回归系数差异相对较小($\theta_3 - \theta_2 = \theta_2 - \theta_1 = 0.5$);

(3)DGP2-3:除了 $\rho = 0.6$,其余各参数取值同 DGP1-2,此时不仅转折点两侧的系数差异相对较小而且内生性问题较为严重。

5.4.2 模拟结果

样本量分别取 $N = 200$、500、800;$T = 5$、10,每个样本重复 $1\ 000$ 次模拟,结果见表5–1 至表5–5 中。表5–1 列出了 DGP1-1 下的估计结果。由此可见,无论是已知转折点的个数还是估计的转折点个数,各参数估计的 BIAS 和 RMSE 都会随着 N, T 的增加而更接近于零,说明估计具有渐进无偏性和一致性。相比转折点个数已知的情况,转折点个数采用基于 sBIC 估计值时,参数估计的 BIAS 和 RMSE 要略大一些,但这些差异会随着样本量的增加而缩小,两者本质上没有太大差异。其他表格中的结果都是转折点个数采用估计值时的模拟结果。

表5–2 列出了 DGP1-2 和 DGP1-3 下参数估计的 BIAS 和 RMSE,均证实了本章估计方法在有限样本下的良好表现。首先,参数估计的 BIAS 和 RMSE 随着样本容量 N, T 的增加而下降。与表5–1 下半部分转折点个数未知采用估计值时相比,转折点两侧区间上的系数差异变小确实会导致估计结果变差些,但总体而言相差不大。其次,对比表5–2 中 DGP1-2 和 DGP1-3 的相应结果,可以看到,虽

然 DGP1-3 由于内生性程度深,参数估计的 BIAS 和 RMSE 有所增加,但随着样本量的增加,差距减少。综上,本章的估计方法在系数差异较小、内生性程度较强时估计具有稳健性,估计在有限样本下的表现良好。

表 5-1　　　　　　DGP1-1 下参数估计的 BIAS 和 RMSE

		δ_0	δ_1	γ	θ_1	θ_2	τ_1	τ_2
$J=2$ 已知								
$N=200$	$T=5$	−0.0073	−0.005 5	0.004 7	0.004 4	0.005 8	−0.006 4	0.005 0
		(0.018 4)	(0.011 6)	(0.010 5)	(0.014 9)	(0.013 4)	(0.017 6)	(0.018 5)
	$T=10$	0.004 3	0.003 2	0.002 6	0.002 5	0.003 2	−0.003 3	0.002 6
		(0.011 4)	(0.007 1)	(0.006 2)	(0.008 8)	(0.008 3)	(0.010 0)	(0.010 5)
$N=500$	$T=5$	0.004 0	0.002 8	0.002 3	0.002 2	0.003 0	−0.002 9	0.002 4
		(0.010 7)	(0.006 2)	(0.005 6)	(0.008 1)	(0.007 5)	(0.009 3)	(0.009 5)
	$T=10$	0.002 4	0.001 5	0.001 4	−0.001 2	−0.001 6	−0.001 7	0.001 3
		(0.006 6)	(0.003 8)	(0.003 0)	(0.004 7)	(0.004 3)	(0.005 5)	(0.005 9)
$N=800$	$T=5$	−0.002 2	−0.001 5	−0.001 1	0.001 1	0.001 7	−0.001 4	0.001 1
		(0.006 3)	(0.003 4)	(0.002 7)	(0.004 1)	(0.004 6)	(0.005 0)	(0.005 0)
	$T=10$	0.001 3	0.000 9	0.000 5	0.000 6	0.001 0	−0.000 8	0.000 6
		(0.004 0)	(0.002 2)	(0.001 3)	(0.002 5)	(0.002 9)	(0.002 9)	(0.003 1)
$J=2$ 未知								
$N=200$	$T=5$	0.009 5	0.007 3	0.005 8	0.005 9	0.007 6	−0.007 3	0.006 1
		(0.022 5)	(0.015 0)	(0.012 9)	(0.017 0)	(0.015 4)	(0.019 9)	(0.020 3)
	$T=10$	−0.005 6	0.004 3	−0.003 4	0.003 3	−0.004 0	0.004 1	0.003 4
		(0.014 1)	(0.009 4)	(0.007 5)	(0.010 3)	(0.009 4)	(0.011 7)	(0.011 5)
$N=500$	$T=5$	0.005 3	−0.003 7	0.003 0	0.003 0	0.003 9	−0.003 5	−0.002 9
		(0.013 1)	(0.008 1)	(0.006 7)	(0.009 3)	(0.008 4)	(0.010 4)	(0.010 1)
	$T=10$	−0.003 2	0.001 9	0.001 5	−0.001 7	0.002 1	0.002 0	0.001 6
		(0.008 2)	(0.005 0)	(0.003 6)	(0.005 3)	(0.004 9)	(0.006 2)	(0.005 9)
$N=800$	$T=5$	0.003 0	0.001 9	0.001 6	0.001 5	0.002 0	−0.001 6	0.001 3
		(0.007 7)	(0.004 4)	(0.003 0)	(0.004 8)	(0.004 7)	(0.005 7)	(0.005 4)
	$T=10$	−0.001 8	0.001 2	0.001 0	0.000 8	0.001 3	−0.000 8	0.000 6
		(0.0051)	(0.002 9)	(0.001 6)	(0.002 8)	(0.003 1)	(0.003 5)	(0.003 4)

注:括号内为参数估计的 RMSE。

表 5–2　　　　　DGP1-2 和 DGP1-3 下参数估计的 BIAS 和 RMSE

		δ_0	δ_1	γ	θ_1	θ_2	τ_1	τ_2
DGP1-2								
$N=200$	$T=5$	−0.011 8	0.008 8	0.007 2	0.008 4	0.009 6	−0.008 6	0.007 2
		(0.025 8)	(0.017 1)	(0.016 0)	(0.019 6)	(0.018 1)	(0.023 1)	(0.022 5)
	$T=10$	−0.007 0	0.005 1	0.004 3	−0.004 7	0.005 3	0.004 6	0.004 2
		(0.016 1)	(0.010 5)	(0.009 3)	(0.012 2)	(0.010 8)	(0.013 8)	(0.013 5)
$N=500$	$T=5$	0.006 4	−0.004 6	−0.004 1	0.004 2	−0.005 0	−0.004 5	0.003 7
		(0.014 9)	(0.009 3)	(0.008 5)	(0.010 9)	(0.010 1)	(0.012 2)	(0.012 6)
	$T=10$	0.003 7	−0.002 4	0.002 4	0.002 3	0.002 8	−0.002 7	0.002 0
		(0.009 2)	(0.005 9)	(0.004 6)	(0.006 6)	(0.006 0)	(0.007 5)	(0.007 1)
$N=800$	$T=5$	0.003 4	0.002 5	−0.002 1	0.002 1	0.002 5	0.002 2	0.001 6
		(0.008 6)	(0.005 5)	(0.003 9)	(0.006 3)	(0.005 8)	(0.006 6)	(0.006 2)
	$T=10$	0.002 1	−0.001 6	0.001 4	0.001 3	0.001 6	0.001 2	0.000 9
		(0.005 7)	(0.003 5)	(0.002 6)	(0.003 7)	(0.003 8)	(0.004 0)	(0.003 8)
DGP1-3								
$N=200$	$T=5$	0.013 8	0.011 8	−0.010 1	0.009 9	−0.012 1	−0.010 3	0.009 0
		(0.027 6)	(0.019 6)	(0.018 9)	(0.022 3)	(0.020 0)	(0.025 2)	(0.024 7)
	$T=10$	−0.007 4	0.006 5	0.005 4	−0.005 1	0.006 3	−0.005 4	0.004 6
		(0.016 6)	(0.012 0)	(0.010 6)	(0.013 2)	(0.012 2)	(0.015 1)	(0.014 4)
$N=500$	$T=5$	0.007 3	0.005 3	−0.004 9	0.005 0	0.005 5	−0.005 2	0.004 4
		(0.016 1)	(0.010 8)	(0.009 3)	(0.012 1)	(0.011 3)	(0.013 7)	(0.013 8)
	$T=10$	0.004 1	0.003 0	0.002 7	0.002 7	0.003 2	0.002 9	0.002 5
		(0.010 3)	(0.007 1)	(0.005 1)	(0.007 8)	(0.007 4)	(0.008 4)	(0.008 1)
$N=800$	$T=5$	0.003 9	0.002 7	0.002 3	−0.002 3	0.002 7	0.002 6	−0.002 3
		(0.009 6)	(0.006 3)	(0.004 4)	(0.007 0)	(0.006 9)	(0.007 8)	(0.008 1)
	$T=10$	0.002 3	0.001 7	0.001 6	0.001 8	0.001 6	−0.001 5	0.001 4
		(0.006 4)	(0.004 2)	(0.003 1)	(0.004 5)	(0.004 8)	(0.005 0)	(0.004 6)

注：括号内为参数估计的 RMSE。

表5–3、表5–4 和表5–5 依次列出了 DGP2 下 3 种数据生成过程的模拟结果。同样的，随着样本容量的增加，参数估计的 BIAS 和 RMSE 越来越小，即估计偏差越来越小，精度越来越高。对于不同区间内的系数差异减少（DGP2-2）或者解释变量的内生性程度有所增强（DGP2-3），都不会给估计结果带来太大的不利影响，且随着样本增加而快速下降。

表 5-3　　　　　　　　　DGP2-1 下参数估计的 BIAS 和 RMSE

	N=200		N=500		N=800	
	T=5	T=10	T=5	T=10	T=5	T=10
δ_0	0.013 0	0.007 8	-0.007 2	−0.004 5	−0.004 1	0.002 1
	(0.026 7)	(0.016 1)	(0.015 6)	(0.009 7)	(0.009 3)	(0.005 9)
δ_1	−0.011 2	0.006 5	0.006 1	0.003 5	0.003 3	0.001 7
	(0.018 1)	(0.010 7)	(0.010 3)	(0.006 3)	(0.005 6)	(0.0036)
γ	−0.008 8	−0.0051	0.004 6	−0.002 2	0.002 4	0.001 4
	(0.016 9)	(0.009 6)	(0.008 8)	(0.005 7)	(0.004 9)	(0.002 7)
θ_1	0.012 6	0.006 9	0.006 6	0.003 8	−0.003 5	−0.002 2
	(0.021 0)	(0.012 5)	(0.011 0)	(0.006 8)	(0.005 9)	(0.003 7)
θ_2	−0.011 4	−0.006 3	−0.005 8	−0.003 5	−0.002 9	0.001 7
	(0.019 8)	(0.012 0)	（0.011 6）	(0.007 4)	(0.006 8)	(0.004 1)
θ_3	−0.0131	0.0073	0.0070	0.0039	−0.0034	−0.0019
	(0.022 7)	(0.013 3)	(0.012 4)	(0.007 0)	(0.005 9)	(0.003 3)
τ_1	0.0119	0.0063	0.0058	−0.003 1	0.002 9	0.001 4
	(0.024 5)	(0.014 5)	(0.013 7)	(0.008 6)	(0.007 8)	(0.005 0)
τ_2	0.0102	−0.0054	0.0056	0.003 5	0.003 1	0.001 8
	(0.024 2)	(0.014 4)	(0.013 4)	(0.008 5)	(0.007 4)	(0.004 3)
τ_3	0.008 5	0.004 7	0.004 3	0.002 3	0.002 2	0.001 0
	(0.020 8)	(0.012 4)	(0.011 1)	(0.006 8)	(0.005 8)	(0.003 7)

注:括号内为参数估计的 RMSE。

表 5-4　　　　　　　　　DGP2-2 下参数估计的 BIAS 和 RMSE

	N=200		N=500		N=800	
	T=5	T=10	T=5	T=10	T=5	T=10
δ_0	0.017 2	0.009 3	0.008 9	−0.005 0	−0.004 7	0.002 6
	(0.029 8)	(0.017 7)	(0.016 8)	(0.010 2)	(0.009 8)	(0.006 5)
δ_1	0.013 1	0.007 4	0.006 8	−0.003 7	0.003 3	0.001 8
	(0.022 6)	(0.013 9)	(0.012 4)	(0.007 5)	(0.006 1)	(0.004 1)
γ	0.010 3	−0.005 6	0.005 1	0.002 6	−0.002 3	0.001 6
	(0.019 9)	(0.010 8)	(0.009 9)	(0.004 8)	(0.004 6)	(0.003 0)
θ_1	−0.016 2	−0.008 7	−0.008 0	−0.004 3	−0.004 0	−0.002 1
	(0.025 5)	(0.015 3)	(0.014 0)	(0.008 8)	(0.007 7)	(0.004 9)
θ_2	−0.0153	−0.007 8	0.007 3	0.003 6	0.003 5	0.001 7
	(0.024 7)	(0.014 2)	(0.013 1)	(0.008 1)	(0.007 3)	(0.004 6)

续表

	N=200		N=500		N=800	
	T=5	T=10	T=5	T=10	T=5	T=10
θ_3	0.016 6	0.009 0	0.008 6	−0.004 9	−0.004 5	0.002 4
	(0.026 4)	(0.014 9)	(0.013 7)	(0.007 8)	(0.007 2)	(0.003 9)
τ_1	0.014 8	0.007 6	0.007 2	0.003 7	0.003 5	−0.002 0
	(0.028 3)	(0.016 4)	(0.015 0)	(0.009 6)	(0.008 3)	(0.005 6)
τ_2	0.012 2	0.006 7	0.006 4	0.003 4	0.003 4	0.001 6
	(0.027 6)	(0.016 2)	(0.015 5)	(0.009 8)	(0.008 6)	(0.005 0)
τ_3	0.012 6	−0.006 7	0.0061	−0.003 3	0.003 0	0.001 5
	(0.023 2)	(0.013 7)	(0.012 6)	(0.007 5)	(0.006 4)	(0.004 2)

注:括号内为参数估计的 RMSE。

表 5-5　　　　　　　　　**DGP2-3 下参数估计的 BIAS 和 RMSE**

	N=200		N=500		N=800	
	T=5	T=10	T=5	T=10	T=5	T=10
δ_0	0.018 0	0.009 6	0.009 1	−0.005 1	−0.004 8	0.002 6
	(0.030 9)	(0.018 1)	(0.017 1)	(0.010 3)	(0.010 1)	(0.0067)
δ_1	0.015 1	0.008 1	0.007 4	0.004 0	−0.003 7	0.002 0
	(0.025 6)	(0.014 8)	(0.013 8)	(0.008 1)	(0.007 3)	(0.004 5)
γ	0.012 2	0.006 4	0.006 0	0.003 5	−0.003 3	0.001 8
	(0.022 4)	(0.011 7)	(0.011 0)	(0.006 2)	(0.005 6)	(0.003 9)
θ_1	0.018 8	0.010 2	0.009 6	0.005 3	0.004 9	−0.002 6
	(0.029 4)	(0.017 2)	(0.016 0)	(0.009 5)	(0.008 8)	(0.005 2)
θ_2	−0.017 4	−0.009 3	−0.009 1	−0.004 9	0.004 7	0.002 4
	(0.028 3)	(0.016 5)	(0.015 1)	(0.009 3)	(0.008 1)	(0.005 0)
θ_3	0.018 5	0.009 8	0.009 2	0.005 0	0.005 0	0.002 7
	(0.030 1)	(0.017 6)	(0.016 3)	(0.009 8)	(0.008 9)	(0.004 8)
τ_1	−0.017 8	0.009 3	0.008 7	−0.004 6	−0.004 2	−0.002 3
	(0.032 5)	(0.019 0)	(0.017 6)	(0.010 7)	(0.009 9)	(0.006 2)
τ_2	0.014 1	0.007 4	0.007 3	−0.003 9	0.0038	0.002 1
	(0.033 0)	(0.018 8)	(0.017 8)	(0.011 0)	(0.010 1)	(0.005 7)
τ_3	0.015 3	0.008 2	0.008 0	0.004 3	−0.003 9	−0.002 0
	(0.027 1)	(0.015 6)	(0.014 7)	(0.008 8)	(0.008 0)	(0.004 9)

注:括号内为参数估计的 RMSE。

5.5　模型在经济学问题中的应用

本节将分别基于两个典型的经济学问题：股权质押与金融资产配置、数字金融与影子银行规模，说明我们提出的模型对于现实问题的解释能力。

5.5.1　股权质押与金融资产配置

1. 理论分析

股权高度集中是我国上市企业的显著特征。企业股份往往集中在少数几大股东手中，使他们对企业拥有较高的控制权。由于监管不力，这些大股东常常利用这一优势，通过各种手段"掏空"企业，侵害中小股东的利益。股权质押是指企业股东（出质人）以其持有的上市公司股份作为质押物，向银行等金融机构（受质人）借款。已有研究指出，大股东的股权质押行为与其侵占行为密切相关，会强化其"掏空"企业的动机（郝项超和梁琪，2009；杜勇和眭鑫，2021）。

通常认为，尽管股东会因企业融资需求而质押股份（李常青等，2021），但其主要目的是"掏空"企业以实现个人私利（郝项超和梁琪，2009）。根据相关法律规定，股份质押期间所产生的现金收益归受质人所有，但股东仍然掌握企业控制权。随着股权质押比例的上升，受益权与控制权的分离无疑会大幅增强大股东"掏空"企业的动机（文春晖和任国良，2015）。在此情况下，大股东会通过影响企业投资决策，减少固定资产投资，转而配置更多的金融资产。一方面，这能在短期内提高企业账面利润，平抑股价波动；另一方面，配置金融资产为大股东的"掏空"行为提供了便利条件（杜勇和眭鑫，2021）。

然而，随着股权质押比例的上升，大股东面临的企业控制权转移风险也会增加。金融机构在股权质押合同中通常设定平仓线，当股价跌至平仓线时，受质人有权抛售或拍卖被质押的股份，这可能导致大股东失去对企业的控制权。为了避免控制权的转移，大股东需要确保股价的稳定。然而，过多的金融资产配置会加剧企业经营风险，进而增加股价崩盘的风险（彭俞超等，2018）。实际上，股权质押本身也会增加股价下跌的风险。

综上所述，股权质押对金融资产配置可能存在非线性影响，我们拟利用连续多门槛模型刻画这种非线性影响效应，为不失一般性，假定存在一个及以上的转折点效应（门槛效应），由数据进行选择。

2. 样本数据与模型

我们拟分析股东股权质押比例对企业金融资产配置的影响是否存在非线性的连续门槛效应,即转折点效应。样本数据来源于 WIND 数据库,涵盖了 2007—2022 年我国 A 股上市企业的年报数据。原始数据进行了如下处理:

(1)剔除金融、保险以及房地产类企业;

(2)剔除关键变量缺失的样本;

(3)对总样本做 1% 缩尾处理以避免极端值的影响。

由于外部宏观环境的冲击复杂且难以测量,且每个企业的具体情况不同,导致这些冲击的影响存在异质性。基于上述分析,我们将利用本章提出的模型,探讨股东股权质押比例对企业金融资产配置的影响,以及是否存在转折点效应:

$$Finar_{it} = \delta_0 + \delta_1 Equpr_{it} + \sum_{k=1}^{J} \theta_k (Equpr_{it} - \tau_k) 1(Equpr_{it} > \tau_k) + Contr'_{it}\gamma + \lambda'_i f_t + \varepsilon_{it}$$

$$(5.11)$$

其中,$Finar_{it}$ 是企业配置的金融资产比例,参考 Demir(2009),用交易性金融资产、衍生金融资产、可供出售金融资产与持有至到期投资净额之和与总资产之比进行度量;$Equpr_{it}$ 是股权质押比例,即控股股东在期末的股权质押数占所持有股份总额的比值;$Contr_{it}$ 为控制变量,包括企业总资本对数、资产负债率、资产净利率、管理层持股比例、企业成立年限、所有权性质等;f_t 为不可观测共同冲击,λ_i 为个体异质效应。各变量的描述性统计见表5-6。

表 5-6　　　　　　　　　　各变量的描述性统计

变量	代码	均值	标准误	最小值	最大值
金融资产比例	$Finar$	0.026	0.053	0.000	0.292
股权质押比例	$Equpr$	0.201	0.328	0.000	1.000
总资本取对数	$Lcap$	21.980	1.252	19.489	25.302
资产负债率	$Aslir$	0.462	0.220	0.057	0.942
资产净利率	$Asnpr$	0.048	0.061	−0.175	0.240
管理层持股比例	$Mansr$	0.089	0.183	0.000	0.695
企业成立年限	$Yeest$	2.817	0.348	1.588	4.441
所有权性质	$Ownn$	0.362	0.495	0.000	1.000

由于金融资产配置也会影响股权质押比例,导致内生性问题。我们将从模型外选择工具变量。参考谢德仁等(2017),我们以企业所处行业中其他公司的当年

平均股权质押水平作为工具变量。这一变量的合理性在于股东的股权质押决策很可能受同行业公司的影响,但其他企业的股权质押比例显然难以直接影响本企业的金融资产配置。

　　3. 实证结果

　　sBIC 的转折点个数选择 $\hat{J} = 1$,即存在一个转折点效应。此时,模型(5.11)的估计结果见表5-7。估计结果得,$\hat{\tau}_1 = 0.421$;且在 1% 显著水平下,$\delta_1 > 0, \theta_1 < 0$。表中估计的标准误是利用 500 次 Bootstrap 重复抽样计算得到的。参数估计的结果验证了前面的理论分析。

　　具体而言,当股权质押比例较低时,大股东"掏空"企业的动机更强烈。在股权质押比例小于 0.421 的区间内,企业金融资产配置会随着股权质押比例的上升而增加。然而,随着质押比例的不断提高,大股东为确保股价平稳以避免企业控制权转移的需求逐渐增加。考虑到配置金融资产所带来的风险,当股权质押比例超过某个"临界值"(此处为 42.1%)时,企业金融资产配置会随着股权质押比例的上升而下降。大股东会减持金融资产,以保障股价的平稳。这意味着,在不同的股权质押比例水平上,大股东会通过调整企业的投资决策,选择增持或减持金融资产配置,以最大化自身利益。由此可见,股权质押对金融资产配置存在非线性影响,存在门槛效应(转折点效应)。

表 5-7　　　　　　　　　股权质押对企业金融资产配置的回归结果

J	δ_0	δ_1	θ_1	τ_1	控制变量
1	-0.031^{***}	0.046^{***}	-0.089^{***}	0.421^{***}	YES
	(0.010)	(0.013)	(0.022)	(0.105)	

注:*** 表示 1% 水平下显著;括号内是估计标准误。

5.5.2　数字金融与影子银行规模

　　1. 理论分析

　　新兴的数字金融如何影响传统商业银行,引发了学界的热烈讨论。一方面,P2P、第三方支付等互联网金融进入市场,为家庭和企业提供更优质、更便捷的服务,这将导致银行失去部分业务份额并加速金融脱媒(王博等,2021)。另一方面,激烈的竞争可能倒逼银行进行改革以提高运营效率,同时数字金融带来的新技术也为银行开展新业务提供了便利(沈悦和郭品,2015)。因此,数字金融对银行产生的具体影响,是一个值得深入研究的话题。

不同于欧美,中国影子银行业务主要由各类商业银行发起。通常认为,监管套利是银行从事此类业务的根本原因(赵静和郭晔,2023)。已有研究指出,数字金融既可能抑制也可能促进银行的盈利能力。

我们认为,数字金融的发展会增加银行从事影子银行业务的动机,但该影响效应依赖于数字金融的发展水平,呈现非线性影响。发展初期,数字金融带来的竞争抢占了银行的部分市场份额,刺激银行从事更多的影子银行业务以保证盈利。但随着数字金融发展水平的提升,双方逐渐开展业务合作,银行也因采用新技术而得到赋能,盈利能力的提升会降低银行从事影子银行业务的动机。

因此,常系数的线性模型难以准确刻画数字金融对影子银行业务规模的这种非线性影响,而实证分析的结果也依赖于所建立的模型,这或许是既有研究存在争议的原因之一。

2. 样本数据与模型

我们利用北京大学数字金融研究中心编制的各城市数字金融指数度量地区数字金融发展水平。银行层面的数据来源于 WIND 数据库,涵盖了 2010—2020 年中国的 288 家商业银行,构成了一个面板数据集。

由于国家的金融监管政策会对各类金融机构和平台产生影响,这些政策不仅作用于数字金融的发展,还会影响影子银行业务。由于这些冲击难以具体测量,且不同类型的银行对此的反应各异,遗漏相关变量可能导致遗漏变量偏误,我们采用交互效应模型来缓解这种偏误。基于此,本章将使用所提出的模型研究数字金融对影子银行业务规模的影响:

$$
\begin{aligned}
BankSH_{it} = & \ \delta_0 + \delta_1 FinDigal_{it} + \sum_{k=1}^{J} \theta_k (FinDigal_{it} - \tau_k) 1(FinDigal_{it} > \tau_k) \\
& + Contr_{it}^{'} \gamma + \lambda_i^{'} f_t + \varepsilon_{it}
\end{aligned}
\tag{5.12}
$$

其中,因变量 $BankSH_{it}$ 是银行 i 在 t 年的影子银行业务规模,参考 Zhu 等(2019),用"买入返售金融资产"与"应收款项类投资"两个项目之和占银行总资产的比例进行衡量;感兴趣的解释变量 $FinDigal_{it}$ 是银行所在地当年的数字金融发展水平(除以 100);控制变量 $Contr_{it}$ 包括了银行的资产规模、资本充足率、贷款率、总资产收益率、净利息差、成本收入比。各变量的描述性统计结果见表5-8。

参考邱晗等(2018)的思路,我们选取了当地互联网普及率作为工具变量。数

表 5-8 变量的描述统计

变量	代码	均值	标准误	最小值	最大值
影子银行规模	$BankSH$	0.347	0.415	0.112	0.651
数字金融	$FinDigal$	1.712	0.803	0.023	2.470
资产规模	$Lsize$	15.751	1.892	9.500	21.973
资本充足率	$Capar$	14.438	6.237	9.372	21.982
贷款率	$Loanr$	0.623	0.111	0.149	0.816
总资产收益率	Roa	0.014	0.011	-0.029	0.063
净利息差	Nin	0.032	0.015	0.002	0.065
成本收入比	$Ctinr$	0.312	0.006 9	0.137	0.700

字金融的发展离不开互联网技术,故相关基础设施普及率越高,一定程度上意味着当地的数字金融发展水平越高。而互联网普及率难以直接影响影子银行业务,因此工具变量满足工具相关性和外生性条件。

3. 实证结果

sBIC 的结果显示选择的转折点个数为 1,即 $\hat{J} = 1$。模型(5.12)的回归结果见表5-9。表中各估计的标准误采用 500 次 Bootstrap 重复抽样计算得到。估计结果找到一个门槛 $\hat{\tau}_1$ 位于将数字金融的取值范围内,表明存在转折点效应。而且检验结果表明,$\delta_1 > 0$,$\theta_1 < 0$。这意味着,当数字金融的发展水平低于转折点时,它会扩大影子银行的规模;而当数字金融的发展水平超过转折点后,则它会抑制影子银行的规模。

表 5-9 数字金融对影子银行业务规模的回归结果

J	δ_0	δ_1	θ_1	τ_1	控制变量
1	0.231***	0.817***	-1.304***	1.705***	YES
	(0.042)	(0.151)	(0.421)	(0.524)	

注:*** 表示 1% 水平下显著;系数下方的括号内为估计的标准误。

商业银行在中国金融系统中一直占据主导地位。早期,商业银行凭借这一优势轻松获取业务和利润,导致传统商业银行服务质量较差,缺乏创新意愿。与此形成鲜明对比的是,数字金融具有强大的创新能力,能够为企业和家庭提供更优质和高效的服务。

在数字金融发展初期,作为新兴竞争者进入市场时,银行在资产端和负债业务方面面临巨大的挑战,份额不断流失。这促使银行开展更多影子银行业务,以绕开监管、吸引客户并提高收益,从而保障自身发展。

然而,随着数字金融的发展达到一定水平,影响发生了转变。一方面,激烈的竞争迫使银行进行改革,通过积极采用最新的金融科技手段来提升经营效率和盈利能力;另一方面,政府监管的介入促使银行和数字金融平台展开合作,避免过度竞争,实现共赢发展。这些因素削减了银行开展影子银行业务的动机。

5.6　结论

本章提出了一种连续多门槛面板数据因子模型,该模型不仅能够描述变量之间的非线性关系,还能缓解模型遗漏变量偏误和模型设定偏误。该模型具有良好的解释力和灵活性,其中经典的线性模型是其特例。除了可以利用本章提出的信息准则 sBIC 进行模型选择外,还可以基于此模型进行线性模型和非线性模型的规范检验。检验的难点在于,当原假设不存在门槛效应时,模型中存在不可识别的冗余参数。对此,可以采用 Sun 和 Huang(2024)提出的检验方法。

由于我国微观面板数据集的一个典型特征是横截面个体数量大而时间观测期数少,因此在模型中处理因子结构或交互效应项是一个关键且困难的问题。我们结合了共同相关效应方法和 GMM 方法,允许解释变量存在内生性,对模型中的未知参数进行了估计,包括转折点个数、回归系数以及转折点的位置。通过蒙特卡罗模拟方法,我们研究了不同数据生成过程下估计的表现。模拟结果表明,我们提出的方法表现良好。最后的实例分析结果显示,经济学问题中存在转折点效应,准确识别这些转折点有助于我们更好地理解经济学现象,并为相关政策的制定提供可靠的依据。

第 6 章

随机效应半参数二值响应模型
的估计研究

6.1　引言

6.1.1　问题及模型的引入

正如我们所熟知的那样,经济理论虽然揭示了变量之间可能存在的关系,但并未明确指出这些关系的确切函数形式。自 20 世纪 70 年代起,收入、收入差距与健康状况之间的关系逐渐成为经济学家和社会学家关注的焦点。早期的研究成果表明,收入对健康具有积极的影响(Grossman, 1972)。然而 20 世纪 90 年代以来,越来越多的研究表明,相对收入或收入差距也是影响健康的决定性因素之一(Wagstaff 和 Doorslaer, 2000)。这些研究逐步形成了所谓的收入差距强假说和收入差距弱假说(Wilkinson, 1996, 1997)。简单来说,收入差距强假说认为收入差距对健康的影响效应并不依赖于个体的收入水平,即无论个体的收入状况如何,收入差距对每个人的影响都是相同的;而收入差距弱假说则认为收入差距对健康的不利影响会随着个体收入的增加而减少,即收入差距对健康的影响效应是依赖于收入的。

在过去的时间里,中国经历了迅速扩大的收入差距,随之而来的问题是这种日益扩大的收入差距是否会对健康状况的改善产生不利影响。现有文献在探讨中国收入差距对健康的影响时,通常采用分层抽样获得的微观数据,并基于不同的模型对收入差距假说进行检验。例如, Li 和 Zhu (2006) 在他们的研究中, 通过在线性

probit 模型中引入收入和收入的二次形式来验证收入差距强假说,并通过引入收入与收入差距的交叉项来验证收入差距弱假说。封进和余央央(2007)也采用了类似的方法,检验了中国农村地区收入差距与健康之间的关系。

为了避免模型设定偏误,并检验收入差距对健康状况的影响是否依赖于收入,本章考虑将感兴趣的收入差距影响效应设定为收入的未知函数。同时,考虑到可得数据的特点,本章提出了一类随机效应半参数二值响应模型,并将建立模型中未知部分的估计方法,讨论其一致性。此外,我们还将借助蒙特卡罗模拟方法研究估计量在有限样本下的表现,并最终将该模型应用于我国收入差距与健康关系的研究中,以期为相关政策制定提供更为科学的依据。

6.1.2 模型及文献综述

本章提出的模型具有如下形式:

$$
\begin{aligned}
\Pr(Y_{ij}=1 \big| U_{ij}, Z_{ij}, X_j, e_j) &= F\left(\alpha_{00}(U_{ij}) + \sum_{l=1}^{p} Z_{ijl}\alpha_{0l}(U_{ij}) + X_{ij}^{'}\beta_0 + e_j\right), \\
& \qquad j=1,2,\cdots,m, i=1,2,\cdots,n_j
\end{aligned} \tag{6.1}
$$

其中,Y_{ij} 表示第 j 个组中第 i 个观测值取 0 或 1 的二值响应变量;$U_{ij} \in R$,$Z_{ij} = (Z_{ij1}, \cdots, Z_{ijp})^{'} \in R^p$,$X_{ij} \in \mathbb{R}^q$ 为解释变量;$\alpha_{0l}(\cdot) \in R, l=0, \cdots, p$ 为未知真实光滑函数,称为函数系数,表示解释变量的影响效应可能依赖于其他解释变量,$\beta_0 \in R^q$ 为真实回归系数;$e_j \in R$ 为组效应(面板数据中也称为个体效应),表示不可观测或没有观测到的组特征遗漏变量;$F(\cdot)$ 为 logistic 或标准正态分布函数。这里的 j 可以表示为某个个体,i 表示某个时间点,因此模型(6.1)也适用于面板数据。

若将模型(6.1)应用于我国收入差距与健康关系研究中,则 Y_{ij} 表示第 j 个社区中第 i 个个体的健康状况是否良好;$U_{ij} \in R$ 表示个体收入;未知函数 $\alpha_{00}(u)$ 体现了收入和健康之间可能存在的非线性关系(Feinstein, 1993);$Z_{ij} = Z_j \in R$ 表示社区收入差距,其系数 $\alpha_{01}(u)$ 取为收入的未知函数;$X_{ij} = (Q_{ij}^{'}, W_j^{'})^{'}$,其中 $Q_{ij} \in R^{p_1}$ 表示其他个体特征解释变量,包括年龄、教育等;$W_j \in R^{p_2}$ 表示其他社区特征解释变量,如社区位于农村还是城市等;随机效应 $e_j \in R$ 表示其他不可观测或没有观测到的社区变量,如该社区的环境状况等。显见,当估计结果有证据显示 $\alpha_{01}(u)$ 为常数时,支持收入差距强假说。当 $\alpha_{01}(u)$ 为非常数函数时,支持收入差距弱假说。特别是当 $\alpha_{01}(u) = a + bu$ 为线性函数时,表明在模型中加入交叉项的做法不会引起模型设定偏误,是合理的。可见,我们提出的模型可用于初步探索实证分析中参数模型设定的合理性,提供实证模型设定是否准确的数据证据,这种非参数的灵活设定在变量之间的关系尚存争议时非常有用。

需要说明的是,在下文的讨论中,我们将模型(6.1)中的 e_j 视为随机效应,若将其视为固定效应,则当 $F(\cdot)$ 取 logistic 分布函数时,可利用 B 样条方法,并结合 Wooldridge(2001)15.8.3 节的方法,通过选择满足要求的样本消去固定效应,得到参数的一致估计。但当 $F(\cdot)$ 取标准正态分布时,固定效应的设定需要同时估计固定效应和参数,除了计算非常复杂外,在每组的个体数 n_j 有限情况下得到的参数估计是非一致的(Wooldridge,2007;Chamberlain,1980)。为了避免这种情形的发生,文献中通常将其视为随机效应。但事实上,经济学中不可观测组特征 e_j 很可能与解释变量相关。此时,我们可以利用第 1 章 1.2 节提到的 Mundlak(1978)和 Chamberlain(1984)的相关随机效应方法,用组效应 e_j 在所有可观测解释变量上的投影近似表示 $E(e_j|Q_{ij}, W_j, Z_j)$,如

$$e_j = \zeta_{10} + \sum_{i=1}^{n_j} Q'_{ij}\boldsymbol{\zeta}_{1i} + \boldsymbol{\zeta}'_2 Z_j + \boldsymbol{\zeta}'_3 W_j + v_j, \ i = 1, \cdots, n_j \qquad (6.2)$$

其中,ζ_{10} 为截距,$\boldsymbol{\zeta}_{1i}$, $\boldsymbol{\zeta}_2$, $\boldsymbol{\zeta}_3$ 为系数向量,v_j 为随机误差。将(6.2)代入模型(6.1),最终得到的模型可能无法识别可观测组特征变量 Z_j 和 W_j 的影响效应。为此,我们借鉴 Kock(2016)的方法,采用上述投影的修改版本,仅考虑不可观测组效应 e_j 在 Q_{ij} 上的投影近似:

$$e_j = \zeta_{10} + \sum_{i=1}^{n_j} Q'_{ij}\boldsymbol{\zeta}_{1i} + v_j \qquad (6.3)$$

当然也可以建立 e_j 关于 Q_{ij} 的非参数模型,然后利用第 2 章 2.1 节的方法进行级数近似等,使得 $E(v_j|Q_{ij}, Z_j, W_j) \approx 0$。与(6.2)投影到所有解释变量相比,式(6.3)的限制性要求略强一些。但 Z_j, W_j 仍然可以通过与 Q_{ij} 的相关,进而与 e_j 相关,故我们的设定仍然具有一定的灵活性,且该设定允许我们研究可观测组特征对被解释变量的影响。因此,通过基于相关随机效应方法的处理,我们将一般模型(6.1)中的 e_j 设为随机效应。

我们称模型(6.1)为随机效应半参数二值响应模型。具体地,当 $F(\cdot)$ 取 logistic 分布时,也称为随机效应半参数 logit 模型,而当 $F(\cdot)$ 为标准正态分布时,称为随机效应半参数 probit 模型,是我们在文献中没有见到过的。该模型中既含有参数分量又含有非参数分量,它把与响应变量有明确关系的这部分解释变量设为参数形

式，而把与响应变量关系不够明确的或者是研究感兴趣的这部分解释变量设为非参数形式，结合了参数和非参数模型的优点，既充分利用了数据中的信息，又能防止模型设定偏误可能导致的感兴趣变量关系估计的非一致性。而随机效应的引入能刻画同组数据间的相关性、减少遗漏变量偏差等，该处理方法常见于面板数据建模中（Wooldridge，2007 第 10 章、刘莉亚等，2011）。因此，模型（6.1）适用于群组数据或面板数据相关问题的分析，具有广泛的适用性。

显见，当模型（6.1）中取 $\alpha_{00}(u) = a_0 + b_0 u, \alpha_{0l}(u) = a_l, l = 1, \cdots, p$ 且不存在随机效应 e_j 时，模型（6.1）就化为了实证研究中常见的线性 logit 或 probit 计量模型（姜旭平和王鑫，2011、肖作平，2010）。该类模型的估计一般采用最大似然方法。而当随机效应 e_j 存在时，即使 $\alpha_{00}(\cdot), \alpha_{0l}(\cdot) \ (l = 1, \cdots, p)$ 仍为参数形式，也很难获得模型参数的最大似然估计。这是由于随机效应 e_j 的存在，导致参数的最大似然估计需要最大化下面的积分：

$$L(\theta) = \int f(y|e) p_e(e) de \tag{6.4}$$

其中，$f(y|e)$ 为给定解释变量和随机效应 e 时 y 的概率密度函数，$p_e(e)$ 为给定解释变量时随机效应的概率密度函数，θ 为分布中的未知参数。此时，式（6.4）中的积分没有解析式，故参数估计首先就是要处理该复杂的积分，如 Anderson 和 Aitkin（1985）利用 Gauss-Hermite 积分法得到了似然函数的近似值，然后通过最大化该近似似然函数导出了参数的最大似然估计；Wei 和 Tanner（1990）则采用了 Monto Carlo 积分法；而 Raudenbush 等（2000）采用了高阶 Laplace 近似方法；等等。

本章将研究模型（6.1）中未知函数系数 $\alpha_{0l}(u), \ l = 0, 1, \cdots, p$ 和参数 β_0 的估计。由于模型未知部分的似然估计也必然涉及类似式（6.4）中的积分，且我们的模型中含有非参数部分，因而给模型的估计带来更大的挑战。

6.2　随机效应半参数二值响应模型的估计

本章假定模型（6.1）中的随机效应 e_j 是在给定解释变量条件下，从总体 e 中抽取的独立同分布样本，服从 $N(0, \sigma_e^2)$，其中 $\sigma_e^2 > 0$ 未知；且给定解释变量和随机效应 e_j 条件下，Y_{ij} 相互独立，显然同一组中的 Y_{ij} 之间由于随机效应的存在是非独立的；进一步我们假定不同组之间是独立的。

6.2.1 非参数的 B 样条逼近方法

关于非参数估计方法，参见第二章第一节的简单介绍。由于 B 样条方法具有良好的局部性质和稳定的数值解（Boor，1978，第 2 章），我们将基于 B 样条方法估计模型（6.1）中的非参数部分，即：对于定义在闭区间 $[a,b]$ 上的未知光滑函数 $\alpha_{0l}(u)$ $(l=0,\cdots,p)$，我们采用 B 样条函数进行逼近。设 $\mathcal{R}_l$ 是由 B 样条基函数 $\{B_{ls}(u),\ s=1,\cdots,K_l\}$ 张成的线性空间，其中 K_l 是该线性空间的维数，可用于调节待估函数的光滑程度。假定对每个 $\alpha_{0l}(u)$ $(l=0,\cdots,p)$，存在 $\alpha_l(u)=\sum_{s=1}^{K_l}B_{ls}(u)\gamma_{ls}^*\in\mathcal{R}_l$，使得

$$\alpha_{0l}(u)\approx\sum_{s=1}^{K_l}B_{ls}(u)\gamma_{ls}^*,\ u\in[a,b] \tag{6.5}$$

其中，对不同的 $\alpha_{0l}(u)$ 可取不同的 K_l，表明允许不同的未知函数有不同的光滑程度。而 K_l 可利用交叉验证法进行选取，由于其只取整数值，故大大降低了交叉验证法的计算量，具体讨论见后。于是对任意的 $l=0,\cdots,p$，先获取 $\gamma_{ls}^*,\ s=1,\cdots,K_l$ 的估计 $\hat{\gamma}_{ls}$，然后代入式（6.5）就能得到 $\alpha_{0l}(u)$ 的估计。需要说明的是，不同的样条基函数可张成相同的空间 $\mathcal{R}_l$，从而对应不同的 $\hat{\gamma}_{ls}$，但得到的 $\alpha_{0l}(u)$ 估计是相同的，即由样条基函数张成的线性空间 $\mathcal{R}_l$ 唯一确定了 $\alpha_{0l}(u)(l=0,\cdots,p)$ 的估计。

将式（6.5）代入模型（6.1），可得

$$\Pr\left(Y_{ij}=1\Big|U_{ij},Z_{ij},X_{ij},e_j\right)$$
$$\approx F\left(\sum_{s=1}^{K_0}B_{0s}(U_{ij})\gamma_{0s}^*+\sum_{l=1}^{p}\sum_{s=1}^{K_l}Z_{ijl}B_{ls}(U_{ij})\gamma_{ls}^*+X_{ij}^{'}\beta_0+e_j\right)$$
$$j=1,2,\cdots,m;\ i=1,2,\cdots,n_j \tag{6.6}$$

6.2.2 基于 EM–MCMC 算法的估计方法

$$\diamondsuit\ B(u)=\begin{pmatrix}B_{01}(u) & \cdots & B_{0K_0}(u) & 0 & \cdots & 0 & 0 & \cdots & 0\\ & \vdots & & & \vdots & & & \vdots & \\ 0 & \cdots & 0 & 0 & \cdots & 0 & B_{p1}(u) & \cdots & B_{pK_p}(u)\end{pmatrix},$$

$\tilde{Z}_{ij}=(1,Z_{ij}^{'})^{'},R_{ij}=(\tilde{Z}_{ij}^{'}B(U_{ij}),X_{ij}^{'})^{'},\gamma^*=(\gamma_0^{*'},\cdots,\gamma_p^{*'})^{'},\gamma_l^*=(\gamma_{l1}^*,\cdots,\gamma_{lK_l}^*)^{'},$

$\theta_0 = (\gamma^*, \beta_0')'$。于是，基于样本数据 Y_{ij} 的似然函数为：

$$\prod_{j=1}^{m} \left\{ \int_{e_j} [\prod_{i=1}^{n_j} f(Y_{ij}|e_j;\theta)] p_e(e_j;\sigma_e^2) de_j \right\} \tag{6.7}$$

其中，$f(y|e)$ 为给定解释变量和随机效应时 y 的概率密度函数（当 $F(\cdot)$ 为 logistic 分布函数时为 logsitic 密度函数；如果 $F(\cdot)$ 为标准正态分布时为标准正态密度函数），$p_e(\cdot)$ 为给定解释变量时随机效应的正态概率密度函数。正如前文指出的，随机效应的存在导致似然函数（6.7）没有解析式，必须借助其他近似计算方法，且式（6.7）涉及多维积分，尤其是当 $F(\cdot)$ 取为标准正态时难以处理，因而难以直接获得参数的最大似然估计。

我们采用间接方法求解式（6.7）的对数形式的最优化问题，即将随机效应视为缺失数据，利用 EM 算法求解该最大化问题，参见第 2 章第 2.3 节的介绍或者参见 Fahrmeir 和 Tutz（1994）的附录。下记 $Y_e = (e_1, \cdots, e_m)'$，$Y = (Y_1', \cdots, Y_m')'$，$Y_j = (Y_{1j}, \cdots, Y_{n_jj})'$，EM 算法考虑如下基于完全数据 (Y, Y_e) 的完全对数似然函数：

$$l(\theta, \sigma_e^2) \equiv \sum_{j=1}^{m} \left\{ \log f(Y_j \mid e_j; \theta) + \log p_e(e_j; \sigma_e^2) \right\} \tag{6.8}$$

具体算法如下：

E-step:

$$Q(\theta, \sigma_e^2 | \theta^{(k)}, \sigma_e^{2(k)}) = \mathbb{E}[l(\theta, \sigma_e^2)|Y; \theta^{(k)}, \sigma_e^{2(k)}]$$

其中，$\theta^{(k)}$ 和 $\sigma_e^{2(k)}$ 为第 k 次迭代的估计。直接计算并利用概率密度函数的归一化性质可得：

$$
\begin{aligned}
E[l(\theta, \sigma_e^2)|Y; \theta^{(k)}, \sigma_e^{2(k)})] =\ & \sum_{j=1}^{m} \int_{e_j} \{\log f(Y_j|e_j; \theta)\} p(e_j|Y_j; \theta^{(k)}, \sigma_e^{2(k)}) de_j \\
& + \sum_{j=1}^{m} \int_{e_j} \{\log p(e_j; \sigma_e^2)\} p_e(e_j|Y_j; \theta^{(k)}, \sigma_e^{2(k)}) de_j
\end{aligned}
\tag{6.9}
$$

其中，$p(\cdot|\cdot)$ 为给定解释变量时随机效应的后验分布。由该式可见，第一项只与 θ 有关而与 σ_e^2 无关，记为 $Q_1(\theta|\theta^{(k)}, \sigma_e^{2(k)})$；第二项只与 σ_e^2 有关而与 θ 无关，记为 $Q_2(\sigma_e^2|\theta^{(k)}, \sigma_e^{2(k)})$。因此 M-step 归结为：

M-step:

$$\theta^{(k+1)} = \arg\max_{\theta} Q_1(\theta|\theta^{(k)}, \sigma_e^{2(k)}),$$

$$\sigma_e^{2(k+1)} = \arg\max_{\sigma_e^2} Q_2(\sigma_e^2|\theta^{(k)}, \sigma_e^{2(k)})$$

重复上述 E-step 和 M-step 直至收敛就能够得到 θ 和 σ_e^2 的估计, 其中在 M-step 中, 我们只需寻找某个 $\theta^{(k+1)}$ 满足

$$Q_1(\theta^{(k+1)}|\theta^{(k)}, \sigma_e^{2(k)}) \geqslant Q_1(\theta^{(k)}|\theta^{(k)}, \sigma_e^{2(k)})$$

即可 (Bickel, 1975)。为此, 关于 θ, 我们采用 Newton Raphson 一步迭代算法:

$$I(\theta^{(old)}|\theta^{(k)}, \sigma_e^{2(k)})(\theta^{(new)} - \theta^{(old)}) = \left.\frac{\partial Q_1(\theta|\theta^{(k)}, \sigma_e^{2(k)})}{\partial \theta}\right|_{\theta=\theta^{(old)}} \tag{6.10}$$

其中,

$$I(\theta|\theta^{(k)}, \sigma_e^{2(k)}) = \sum_{j=1}^{m} \int_{e_j} f_1(e_j; \theta) p(e_j|Y_j; \theta^{(k)}, \sigma_e^{2(k)}) de_j,$$

$$f_1(e_j; \theta) = -\mathbb{E}\left\{\left.\frac{\partial^2 \log f(Y_j|e_j; \theta)}{\partial\theta\partial\theta'}\right| U_{ij}, Z_{ij}, X_j, e_j\right\},$$

将 $\theta^{(old)}$ 取为 $\theta^{(k)}$, 基于 (6.6) 和直接求导可得:

$$\theta^{(k+1)} = \theta^{(k)} + \left\{\sum_{j=1}^{m} E_{e_j|Y_j}\left(R_j' \boldsymbol{\omega}_j R_j\right)\right\}^{-1} \left\{\sum_{j=1}^{m} E_{e_j|Y_j}\left[R_j' \boldsymbol{\omega}_j \dot{\boldsymbol{\eta}}_j(Y_j - \boldsymbol{\mu}_j)\right]\right\} \tag{6.11}$$

其中, $R_j = (R_{1j}, \cdots, R_{nj})'$, $\boldsymbol{\mu}_j = (\mu_{1j}, \cdots, \mu_{n_jj})'$, $\mu_{ij} = F(\eta_{ij})$, $\eta_{ij} = R_{ij}'\theta + e_j$, $\dot{\eta}_j$ 为对角元素分别为 $\dot{\eta}_{1j}, \cdots, \dot{\eta}_{n_jj}$ 的对角阵, $\dot{\eta}_{ij} = \partial\eta_{ij}/\partial\mu_{ij}$, $\boldsymbol{\omega}_j$ 为对角元素分别为 $\omega_{1j}, \cdots, \omega_{n_jj}$ 的对角阵, $\omega_{ij} = (\partial\mu_{ij}/\partial\eta_{ij})^2/\text{var}(Y_{ij}|e_j)$, $\text{var}(Y_{ij}|e_j)$ 为给定解释变量和随机效应时 Y_{ij} 的方差, $E_{e_j|Y_j}(\cdot)$ 为给定解释变量条件下随机效应后验分布的期望。关于后验分布期望的计算, 采用常用的 Metropolis Hastings 算法的 MCMC 方法, 参见第 2 章 2.4 节或者朱新玲 (2009)。

关于 M-step 中 σ_e^2 的部分, 最大化 $Q_2(\sigma_e^2|\theta^{(k)}, \sigma_e^{2(k)})$, 可得:

$$\begin{aligned}\sigma_e^{2(k+1)} &= \frac{1}{m}\sum_{j=1}^{m} E\left(e_j^2|Y_j; \theta^{(k)}, \sigma_e^{2(k)}\right) \\ &= \frac{1}{m}\sum_{j=1}^{m} E_{e_j|Y_j}(e_j^2)\end{aligned} \tag{6.12}$$

6.2.3 估计算法概括

步骤 1 选择 θ, σ_e^2 的初始值 $\theta^{(0)}$ 和 $\sigma_e^{2(0)}$，如可取 $\theta^{(0)}$ 为全零向量，$\sigma_e^{2(0)} = 0.1$（非零值）；

令 $k = 1$

步骤 2 用 Metropolis Hastings 算法的 MCMC 抽样方法得到 $p_{e_j|Y_j}(e|Y;\theta^{(k)}, \sigma_e^{2(k)})$ 的 N 个随机样本 $e_{j1}, \cdots, e_{jN}$；

步骤 3 利用步骤 2 中的这 N 个样本基于样本均值近似计算（6.11）中的条件期望可得 $\theta^{(k+1)}$；同理近似计算（6.12）中的条件期望可得

$$\sigma_e^{2(k+1)} = \frac{1}{mN} \sum_{j=1}^{m} \sum_{t=1}^{N} e_{jt}^2;$$

步骤 4 如果迭代收敛，则 $\theta^{(k)}, \sigma_e^{2(k)}$ 即为最终估计，分别记为 $\hat{\theta}, \hat{\sigma}_e^2$。将 $\hat{\theta}$ 中对应的分量代入式（6.5），即得 $\alpha_l(u)(l = 0, 1, \cdots, p)$ 的估计 $\hat{\alpha}_l(u)$；否则，令 $k = k + 1$，回到步骤 2 继续迭代。

上述算法中迭代收敛的准则取为：对事先给定的任意小的数 $\varepsilon_0 > 0$，当 $k+1$ 步的估计值 $\hat{\vartheta}^{(k+1)}$ 和 k 步的估计值 $\hat{\vartheta}^{(k)}$ 满足

$$\parallel \hat{\vartheta}^{(k+1)} - \hat{\vartheta}^{(k)} \parallel / \parallel \hat{\vartheta}^{(k)} \parallel < \varepsilon_0 \qquad (6.13)$$

时迭代终止，这里的 $\|\cdot\|$ 表示向量的 2 范数。

6.2.4 光滑参数 $K_0, \ldots, K_p$ 的选取

对于未知函数 $\alpha_{0l}(u)$，在其定义区间 $[a, b]$ 上取 J_l 个内节点：$a < u_1 < \cdots < u_{J_l} < b$，则 $K_l = J_l + m + 1, m$ 为样条基函数的次数（degree），J_l 为节点个数，可随样本容量的增大而增加。用 B 样条函数来逼近未知函数时，首要的是节点的选择，包括节点位置和节点个数两个方面。关于节点的位置，常见的有两种方法：均匀节点和非均匀节点（主要是等间隔的样本分位点）。比如设回归变量 U 在 $[0,1]$ 上取值，若选择 3 个均匀节点，则 3 个内节点分别是 $0.25, 0.50, 0.75$；若选择等间隔样本分位数的非均匀节点，则节点为 U 的第 $25, 50, 75$ 分位点。这样可确保在 $[0,1]$ 中每个子区间上的样本点个数基本相同。

光滑参数的选取，常用方法有交叉验证法（CV）、广义交叉验证法（GCV）、

AIC、BIC 等。我们基于 O'Sullivan 等（1986）定义的 GCV 选取光滑参数：

$$\mathrm{GCV}(K_0,\cdots,K_p) = \min_{K_0,\cdots,K_p} \frac{1}{n}\sum_{j=1}^{m}\sum_{i=1}^{n_j}\left\{\frac{[Y_{ij}-E(\hat{\mu}_{ij})]/\sqrt{Var(\hat{Y}_{ij})}}{1-(K_0+\cdots+K_p+q)/n}\right\}^2 \quad (6.14)$$

其中，$n=\sum_{j=1}^{m}n_j$，期望和方差都是给定解释变量条件下的，$\widehat{var(Y_{ij})}=E(\hat{\mu}_{ij})(1-E(\hat{\mu}_{ij}))$，期望我们将利用 1 000 次的 Monte Carlo 方法进行计算。

6.3　估计量的一致性及证明

为了度量函数系数估计的表现，令 $g(u)=(g_0(u),\cdots,g_p(u))'$，其中 $g_l(u)$ $(l=0,\cdots,p)$ 为区间 $[a,b]$ 上的平方可积实函数，定义

$$\|g(u)\|_{L_2}=\left\{\sum_{l=0}^{p}\left[\int_a^b g_l^2(u)du\right]\right\}^{1/2}$$

为向量函数 $g(u)$ 在区间 $[a,b]$ 上的 L_2 范数。为了简化证明且不失一般性，设 $\{B_{ls}(u),\ s=1,\cdots,K_l\}$ 为线性空间 $\mathcal{R}_l$ 中的一组标准正交基，并记 $K_n=\max_{0\leqslant l\leqslant p}K_l$。下面基于以下条件证明函数系数 $\alpha_{0l}(u)(l=0,\cdots,p)$ 的 B 样条估计和参数 β_0 估计的一致性。

条件 1　$\alpha_{0l}(u),\ l=0,\cdots,p$ 的二阶导数 $\ddot{\alpha}_{0l}(u)$ 在区间 $[a,b]$ 上连续；

条件 2　U 在 $[a,b]$ 上取值，其密度函数 $p_U(v)$ 非零有界；

条件 3　对不同的 i,j，(Z_{ij},U_{ij},X_j) 独立同分布来自总体 (Z,U,X)；且随机效应 e_j 是从总体中取出的独立同分布样本；$\mathbb{E}(VV'|U=u)$ 可逆且其所有特征根非零有界，其中 $V=(1,Z',X')'$。

注　条件 1 确保一定能找到在 $[a,b]$ 上一致收敛于待估函数 $\alpha_{0l}(\cdot)$ 的 B 样条函数，即：对区间内的一切 x，存在样条函数逼近于待估函数且误差以一定速度趋于零，参见 Schumarker（1981）。而条件 2 中 U 的所有可能取值对应该待估函数的定义域，简单起见，同多数文献（Wang 等，2011，等），我们假设条件 1 和 2 成立。若条件 2 改为 U 在某 Γ 上取值，则条件 1 中要改为在 Γ 上存在某一 B 样条函数一致收敛于待估函数，但该条件在实际应用中不易验证。

定理 1　若条件 1-3 满足，$0 < \max_j n_j < \infty$，$K_n/n \to 0$，则当 $n \to \infty$ 时有

$$\|\hat{\theta} - \theta_0\| = \left\{ \|\hat{\gamma} - \gamma^*\|^2 + \|\hat{\beta} - \beta_0\|^2 \right\}^{1/2} = O_p\left(\{K_n/n\}^{1/2} \right).$$

证明：由 EM 算法可见参数 θ_0 的估计是以下似然方程的解

$$\frac{\partial E\left(\left[\sum_{j=1}^m \log f(Y_j|e_j;\theta) \right] \big| Y \right)}{\partial \theta} = 0$$

记 $\ell_n(\theta) = \frac{1}{n} \sum_{j=1}^m E_{e_j|Y_j}\{\log f(Y_j|e_j;\theta)\}$，其中 $E_{e_j|Y_j}(\cdot)$ 的定义同前，表示给定 Y_j 和解释变量时随机效应 e_j 的条件期望，$S_n(\theta) = \frac{\partial \ell_n(\theta)}{\partial \theta}$，$H_n(\theta) = \frac{\partial^2 \ell_n(\theta)}{\partial \theta \partial \theta'}$。利用积分型余项的 Taylor 展开式，可得：

$$\ell_n(\theta) = \ell_n(\theta_0) + (\theta-\theta_0)'S_n(\theta_0) + (\theta-\theta_0)'\left\{ \int_0^1 (1-t)H_n(\theta_0 + t(\theta-\theta_0))dt \right\}(\theta-\theta_0)$$

可以证明（见后）(i) 对任意常数 M_1，有

$$\lim_{c \to \infty} \lim_{n \to \infty} P\left(\| S_n(\theta_0) \| \geqslant M_1 c(K_n/n)^{1/2} \right) = 0$$

(ii) 存在概率等于 1 的集合 Ω_0 和某一常数 $M_2 > 0$，当 $n \to \infty$ 时在 Ω_0 上几乎处处成立：

$$(\theta-\theta_0)'\left\{ \int_0^1 (1-t)H_n(\theta_0 + t(\theta-\theta_0))dt \right\}(\theta-\theta_0) \leqslant -M_2 \| \theta-\theta_0 \|^2, \ a.s.$$

于是由 (i) 可得，对任意的 $\theta \in R^{K_0+K_1+\cdots+K_p+q}$ 且 $\|\theta-\theta_0\| = c(K_n/n)^{1/2}$，取 (ii) 中的常数 $M_2 > 0$，当 n 充分大时，有

$$P\{|(\theta-\theta_0)'S_n(\theta_0)| < M_2 c^2 (K_n/n)\} = 1.$$

结合结论 (ii) 和 Taylor 展开式可得 n 充分大时有：

$$P\{\ell_n(\theta) < \ell_n(\theta_0), \text{对任意的}\theta \in R^{K_0+K_1+\cdots+K_p+q} \text{且}\|\theta-\theta_0\| = c(K_n/n)^{1/2}\} = 1. \tag{6.15}$$

下证 $H_n(\theta_0)$ 为负定矩阵。显见 $H_n(\theta)$ 为独立和的形式，故基于独立和的大

数定律可知

$$H_n(\theta_0) \xrightarrow{P} H(\theta_0)$$

其中，$H(\theta) = -\mathbb{E}\left[(\tilde{Z}'B(U), X')'(\tilde{Z}'B(U), X')g(\eta)\right]$，$\eta = \tilde{Z}'B(U)\gamma + X'\beta + e$，$\tilde{Z} = (1, Z')'$，$g(\eta) = f^2(\eta)/\mathrm{var}(Y|e) = f^2(\eta)/\{F(\eta)(1 - F(\eta))\}$；显然 $g(\cdot)$ 非负有界。

取 $\tilde{B}(U) = \begin{pmatrix} B(U) & 0 \\ 0 & I_q \end{pmatrix}$，其中 I_q 表示 q 阶单位矩阵，则对任意的非零列向量 $\tilde{\gamma} = (\gamma_1', \gamma_2')'$，由标准正交基的性质和条件 2 和条件 3 可知，存在正常数 M_3，有

$$
\begin{aligned}
\tilde{\gamma}'E(\tilde{B}'(U)VV'\tilde{B}(U))\tilde{\gamma} &= \int \tilde{\gamma}'\tilde{B}'(u)E(VV'|U = u)\tilde{B}(u)\tilde{\gamma}\, p_U(u)du \\
&\geqslant M_3\left\{\int \gamma_1'B'(u)B(u)\gamma_1 du + \gamma_2'\gamma_2\right\} \\
&= M_3 \parallel \tilde{\gamma} \parallel^2
\end{aligned}
$$

可得 $-H(\theta)$ 为正定矩阵，于是 $H_n(\theta)$ 为负定矩阵，因此 $\ell_n(\theta)$ 为凹函数，故 $\hat{\theta}$ 存在。且由上述（6.15）式知，当 n 充分大有 $\mathrm{P}\{\parallel \hat{\theta} - \theta_0 \parallel \leqslant c(K_n/n)^{1/2}\} = 1$，取 c 充分大即可得

$$\parallel \hat{\theta} - \theta_0 \parallel = O_p(\{K_n/n\}^{1/2})$$

（i）的证明：由不同 j 之间的独立性、Cauchy-Schwartz 不等式、Jensen 不等式、条件期望的性质、密度函数与条件方差的有界性、标准正交样条基的性质和条件 2 和条件 3 可得，存在正常数 M_4

$$
\begin{aligned}
E(\parallel S_n(\theta_0) \parallel^2) &= \sum_{l=0}^{K_0 + \cdots + K_p + q} E\left\{\frac{1}{n}\sum_{j=1}^{m}\sum_{i=1}^{n_j} E_{e_j|Y_j}[R_{ijl}(Y_{ij} - F(R_{ij}'\theta_0 + e_j)) \right. \\
&\qquad \left. \times f(R_{ij}'\theta_0 + e_j)/\mathrm{var}(Y_{ij} \mid e_j)]\right\}^2 \\
&\leqslant \frac{1}{n^2}\sum_{l=0}^{K_0 + \cdots + K_p + q}\sum_{j=1}^{m} n_j \sum_{i=1}^{n_j} E[R_{ijl}(Y_{ij} - F(R_{ij}'\theta_0 + e_j)) \\
&\qquad \times f(R_{ij}'\theta_0 + e_j)/\mathrm{var}(Y_{ij} \mid e_j)]^2 \\
&\leqslant \frac{M_4 K_n}{n^2}\sum_{j=1}^{m}\sum_{i=1}^{n_j} E(R_{ij}'R_{ij}) = O(\{K_n/n\})
\end{aligned}
$$

于是由 Chebyshev 不等式即得式(i)。

（ii)的证明：由独立和的强大数定律知存在概率等于 1 的集合 Ω_0，当 $n \to \infty$ 时，在 Ω_0 上几乎处处成立 $H_n(\theta) = H(\theta)$。前面已证 $A = -H(\theta)$ 为正定矩阵。记 $\lambda_{\min}(A)$ 为矩阵 A 的最小特征根，则存在常数 $M_5 > 0$ 满足 $\lambda_{\min}(A) \geq M_5$，于是可得对任意与 A 维数相同的非零列向量 $\boldsymbol{\delta}$，成立 $\boldsymbol{\delta}' A \boldsymbol{\delta} \geqslant \lambda_{\min}(A) \boldsymbol{\delta}' \boldsymbol{\delta} \geqslant M_5 \boldsymbol{\delta}' \boldsymbol{\delta}$，因此当 $n \to \infty$ 时，在 Ω_0 上几乎处处有

$$(\theta - \theta_0)' \left\{ \int_0^1 (1-t) H_n(\theta_0 + t(\theta - \theta_0)) dt \right\} (\theta - \theta_0)$$
$$\leqslant -M_5 \int_0^1 (1-t) dt \parallel \theta - \theta_0 \parallel^2$$
$$\equiv -M_2 \parallel \theta - \theta_0 \parallel^2$$

即(ii)成立。证毕。

定理 2 若条件 1 至条件 3 满足，$0 < \max_j n_j < \infty$，$K_n \to \infty$，$K_n/n \to 0$，则当 $n \to \infty$ 时，对任意给定的 $u \in [a,b]$ 有

$$\parallel \hat{\alpha}(u) - \alpha(u) \parallel_{L_2} \xrightarrow{P} 0,$$
$$\hat{\beta} \xrightarrow{P} \beta_0.$$

证明：由 Schumaker(1981)和条件 1 可得，

$$\sup_{u \in [a,b]} \left| \alpha_{0l}(u) - \sum_{s=1}^{K_l} B_{ls}(u) \gamma_l^* \right| = O(K_l^{-2}).$$

基此并由标准正交基的性质和定理 1 得

$$\parallel \hat{\alpha}(u) - \alpha_0(u) \parallel_{L_2} \leqslant \parallel \hat{B}(u)\hat{\gamma} - B(u)\gamma^* \parallel_{L_2} + \parallel B(u)\gamma^* - \alpha_0(u) \parallel_{L_2}$$
$$\leqslant \parallel \hat{\gamma} - \gamma^* \parallel + \left\{ \sum_{l=0}^{p} \left[\sup_{u \in [a,b]} \left| \sum_{s=1}^{K_l} B_{ls}(u)\gamma_l^* - \alpha_{0l}(u) \right| \right]^2 \right\}^{1/2}$$
$$= O_p \left(\{K_n/n\}^{1/2} + K_n^{-2} \right).$$

结论 $\hat{\beta} \xrightarrow{P} \beta_0$ 由定理 1 直接可得。

注 由定理 2 可见本章提出的随机效应半参数二值响应模型中 $\alpha_{0l}(\cdot)$ 的 B 样条估计和 β_0 的估计满足一致性。

6.4 蒙特卡罗模拟研究

6.4.1 数值模拟例子

考虑如下数据生成过程:

$$\text{Pr}(Y_{ij} = 1 | U_{ij}, Z_j, X_{ij}, W_j, e_j) = F\Big(\alpha_1(U_{ij}) + Z_j\alpha_2(U_{ij}) + \beta_1 X_{ij} + \beta_2 W_j + e_j\Big)$$
(6.16)

其中, $\alpha_1(u) = 1 + 2u(1-u)$, $\alpha_2(u) = 0.1\exp(-0.5 + 3u)$, $\beta_1 = -2$, $\beta_2 = -1$, U_{ij} 取自 $(0,1)$ 均匀分布, $Z_j \sim N(0.5, 0.6^2)$, $X_{ij} \sim N(1, 0.5^2)$, $W_j \sim B(1, 0.4)$, 随机效应 $e_j \sim N(0, 0.5^2)$。在这个例子中, 我们分别从该模型中独立抽取样本容量 $m = 50, 100, n_j = 4$ 的样本, 在每种样本容量组合下重复抽取 100 次, 生成样本容量相同的 100 个模拟数据集。

6.4.2 模拟结果

基于本章的算法步骤, 采用均匀节点, 基于 GCV 估计, 我们取二次 B 样条函数。在 MCMC 方法中, 我们取建议分布为随机效应的先验正态分布, 当 F 取 logistic 分布函数时非参数部分的估计结果见图6–1, F 为 probit 分布时的结果类似。参数估计的结果见表6–1。总体上, 我们提出的估计在有限样本下表现较好, 且随着样本容量的增大, 估计结果更精确。

表 6–1   参数的估计结果

样 本 容 量	$m = 50, n_j = 4$		$m = 100, n_j = 4$	
	$\hat{\beta}_1$	$\hat{\beta}_2$	$\hat{\beta}_1$	$\hat{\beta}_2$
F 取 logistic 分布	−2.153	−1.057	−2.021	−1.016
	(0.422)	(0.447)	(0.287)	(0.313)
F 取标准正态分布	−1.928	−0.970	−1.940	−1.034
	(0.351)	(0.304)	(0.251)	(0.230)

注:表中参数的估计值取为 100 次估计的平均值,括号内为其 100 次估计值的标准差。

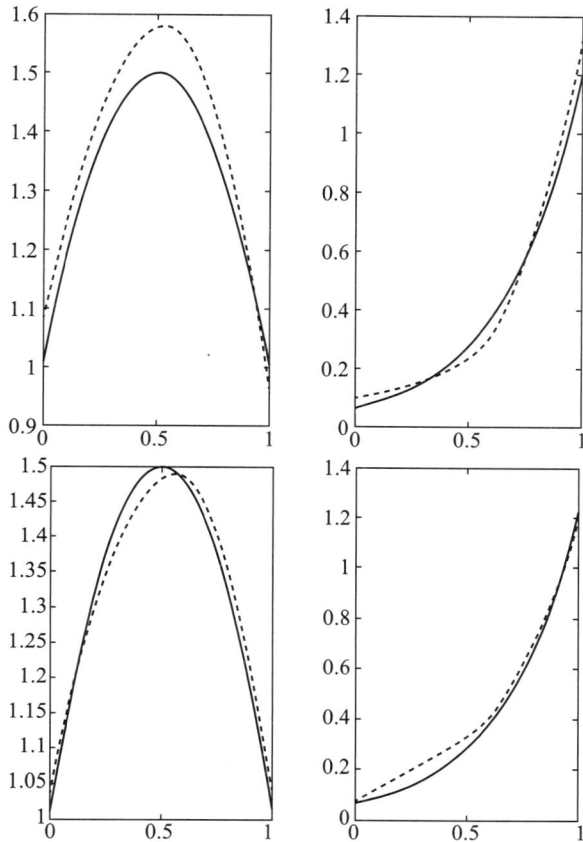

注：上半部分对应 m=50，下半部分对应 m=100。

图 6-1 左图 $\alpha_1(u)$ 和右图 $\alpha_2(u)$ 的 B 样条估计（虚线）及其真值（实线）

6.5 在收入差距与健康关系中的应用

6.5.1 样本数据和变量说明

本节使用的数据来自美国北卡罗来纳大学人口研究中心和中国疾病控制与预防中心合作开展的中国健康与营养调查（CHNS）[①]2006 年的调查数据。该阶段调查覆盖了辽宁、黑龙江、江苏、山东、河南、湖北、湖南、广西和贵州 9 个省（自治区）。每个省（自治区）的样本家庭是采用多阶段随机分层抽样获得的，具体方案是

---

① 参见 http://www.cpc.unc.edu/projects/china.

每省分别随机抽取 2 个城市和 4 个乡村,其中每个城市又随机抽取 4 个街区,而每个乡村随机抽取 4 或 5 个村庄,我们将街区和村庄统一定义为社区,最后从每个社区中随机抽取约 20 户家庭进行健康与营养调查。

这里我们采用自评健康作为衡量健康的标准,虽然自评健康具有很强的主观性,却是常用的指标之一,它能有力地反映个人的健康状况 (Gerdtham 等,1999)。我们令自评健康状况非常好和好时健康指标取 1,一般和差时取 0。每个社区的收入差距我们采用按户计算的 Gini 系数度量,即按户总收入排序,以调查户数倒数为权重计算。其他个体和社区控制变量基本同 Li 和 Zhu(2006),具体描述见表6-2。

限于相关个体的自评健康和人口特征变量(年龄、性别、婚姻状况、教育、家庭收入、家庭环境、家庭人数等)数据没有缺失的年龄在 16 ~ 65 岁的有效个人样本。另外,由于我们要计算收入差距指标,因此排除家庭收入非正的且社区中只含有一个收入为正的家庭的样本,最后得到的有效样本容量为 6 044 个个体,覆盖 217 个社区。

表 6-2   其他控制变量的定义

变量	定义	变量	定义
收入	家庭人均收入,单位:元	教育	接受正规教育的年数
年龄	样本只限于 16 ~ 65 岁的成人,参考了劳动力年龄标准	家庭规模	家庭人口数
性别指示变量	男性取 1,女性取 0	家庭环境指示变量	房屋周围没有排泄物取 1,其余情况取 0
婚姻指示变量	在婚取 1,未婚、离异和丧偶取 0	农村指示变量	社区是农村则取 1,否则取 0

6.5.2 估计结果及分析

基于模型(6.1)且取 $F(\cdot)$ 为 logsitic 分布函数,采用前文的算法步骤,其中考虑到收入分布的非均匀性,我们取等间隔的样本分位数作节点,并用 GCV 选取节点个数,利用二次 B 样条函数,且在 MCMC 方法中,取建议分布为随机效应的先验正态分布,非参数估计时我们根据收入的最大最小值将其化为了有限区间 [0,1] 内的取值,利于 B 样条的估计,B 样条估计结果见图6-2。由图6-2 中的右图可见收入差距对健康影响效应 $\alpha_{01}(u)$ 的估计呈非线性的形式。该估计结果支持收入差距弱假说,即收入差距对穷人和富人而言其影响是不同的,并且随着收入差距的扩大,收入增加更加有助于健康的改善,收入下降则更加不利于健康的改善。这可能是由于收入差距的扩大会使低收入人群更不易对自身进行医疗卫生与教育投资。此外,收入差距的扩大会增加低收入人群的挫败感及压力,引起吸烟和酗酒等不良习惯,从而恶化其健康水平。收入函数 $\alpha_{00}(u)$ 的估计表明收入与健康之间基本呈类似倒 U 形的非线性关系,其严格的统计检验还需做进一步研究。其余控制变量对健康的影响效应如预期,比如良好的教育、环境有利于健康,见表6-3。

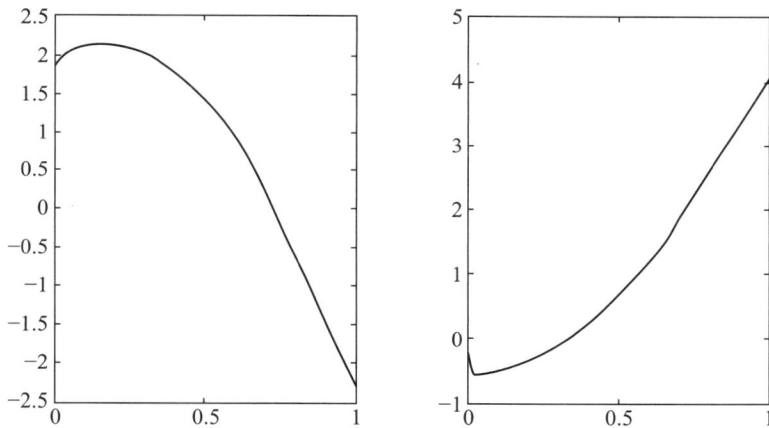

图 6-2　左图 $\alpha_{00}(u)$ 和右图 $\alpha_{01}(u)$ 的 B 样条估计

表 6-3　　　　　　随机效应半参数 logit 模型的参数估计结果

变量		变量		变量	
年龄	−0.049 9	性别指示变量	0.307 8	婚姻指示变量	0.314 1
教育	0.023 7	家庭规模	−0.017 0	家庭环境指示变量	0.075 1
农村指示变量	0.307 0	随机效应标准差		0.665 8	

6.6　结论

为了研究某些尚存争议的变量之间的关系,本章提出了一类随机效应半参数二值响应模型,既能充分挖掘了数据中的信息,又能防止模型设定偏误可能导致的感兴趣变量关系估计的非一致性,具有很大的灵活性,并且随机效应的引入能够反映不可观测或没有观测到的社区特征变量对响应变量的影响,刻画同组数据间的相关性,通过相关随机效应方法降低可能存在的遗漏变量偏误等。

随后探讨了模型的估计问题,我们基于 B 样条的非参数估计方法,在由于随机效应的存在造成似然函数中积分难以求解的困境时,本章将随机效应视为缺失数据,采用 EM 算法,结合 Newton Raphson 和 MCMC 方法得到模型函数系数的 B 样条估计和回归系数的估计,并证明其一致性。模拟研究结果表明估计方法在有限样本下表现良好,最后将模型运用于我国收入差距和健康关系的研究中,结果表明样本数据支持收入差距弱假说,即收入差距对穷人和富人而言其影响是不同的,当收入差距的扩大致使贫者愈贫、富者愈富时,其产生的收入效应加剧了健康不平等的现象。另外,非参数的设定也可用于数据的初探性分析,如在收入差距和健康实例中,我们发现数据很可能支持 U 型函数的设定,关于其严格的统计检验还需要作进一步深入的研究。

虽然模型(6.1)是在研究收入差距与健康关系中引入的,但事实上该模型为许多实际问题的研究提供了一个很自然的分析框架。如在劳动经济学中,许多学者研究发现教育的边际收益随受教育程度的不同而变化(Schultz,2003)。如果工作经验也是雇主考虑的一个重要因素,那么教育的边际收益应该随着经验的不同而变化(Card,2001)。为避免模型设定偏误,我们在研究教育与个体收入高低状况的关系时,可以假定教育的边际收益是经验的未知函数;又如,在个体失业状况的研究中,我们在发现农民工"用工荒"现象的同时也观察到了大学生毕业即失业的现象,因此某些影响因素(如教育对失业的影响效应)可能随工作类别的不同而有所差别。因此,本章提出的随机效应半参数二值响应模型具有广泛的应用前景。

第 7 章

随机效应二值响应模型的变量选择研究

7.1 引言

7.1.1 研究问题

目前大部分的计量经济学应用集中于模型的估计和相关检验,较少关注模型的具体设定问题,而模型设定中的一个重要方面是变量选择问题。由于经济现象的错综复杂性,往往可以找到很多影响被解释变量的因素。如影响中国经济增长的因素可能有实物资本、人力资本、技术、制度、贸易、价格、汇率、宏观政策等。事实上,为了减小可能存在的遗漏变量偏差,在建模初期往往引入众多解释变量,但模型中加入无关紧要的变量会极大地降低估计和预测精度。另一方面,提高模型的预报能力和选出重要的解释变量往往是后续研究的基础,即建立包含重要解释变量而又能获得必要信息的"经济"模型是我们感兴趣的。

变量选择的研究由来已久,几乎贯穿了计量经济学的整个发展过程。如 20 世纪 60 年代以来提出的 AIC、BIC 等子集选择法(Subset Selection),这种变量选择方法的优点是能够找到"最优"变量集,但其缺点有:(1)这类方法是一个离散过程,具有不稳定性,即变量选择的结果会由于数据集合的微小变化而发生大的变化;(2)子集选择与参数估计是分两步进行的,而后续的参数估计和假设检验等都没有考虑模型选择阶段产生的偏误,从而低估了实际方差;(3)当自变量的个数为 p 时,所有可能的变量子集个数为 2^p。显见当 p 很大时,计算量惊人,实际操作中不太可行。逐步回归法(Stepwise Regression)是大幅减少子集选择法计算量的替代方法,但同样都是不稳定的,且不能保证能够搜寻到"最优"变量子集,参见康赞亮(2009)、王大荣和张忠占(2010),等等。

　　当前研究较多的变量选择方法是系数压缩估计法(Shrinkage Estimation),如 Lasso(Tibshirani, 1996)、SCAD(Fan 和 Li,2001)和自适应 Lasso(Zou, 2006)等。这些变量选择方法都属于连续压缩过程,它们将无关变量的回归系数压缩为零,同时得到重要变量的系数估计,同步完成了变量选择和参数估计,克服了上述子集选择法的缺陷,这些变量选择的简要介绍可参见第 2 章 2.2 节。现有文献大多集中于连续因变量模型的变量选择问题(王大荣和张忠占,2010 的综述论文),而二值因变量模型也常见于实际问题分析中,如 logit 模型(肖作平,2010)和probit 模型(罗小峰和秦军,2010 等)。

　　由第 6 章的半参数设定可见,通过利用 B 样条函数近似非参数函数,随机效应半参数二值响应模型化为经典二值响应模型。不同的是,此时解释变量的个数可能随样本量的增加而增加。后续的分析就是建立在这个近似的经典二值响应模型上。这里,我们介绍通过变量选择的方法了解非参数函数的形式和哪些解释变量是重要的,并着手研究二值因变量模型的变量选择问题。

7.1.2　模型和 lasso 方法文献简介

　　由于研究个体行为的微观数据通常是采用分层抽样获得的,如中国健康与营养调查(CHNS)数据,该数据集的简单介绍可参见第 1 章 1.1 节或第 6 章 6.5 节。本章最后就将采用该实例数据来演示我们的变量选择方法,即从影响个体健康的众多个体特征和社区特征变量中选出重要的影响因素。考虑到分层抽样获得的数据(cluster data)特点,其和面板数据的分析方法类似,我们将采用包含随机效应项的二值因变量模型进行研究,它可以反应同一社区个体健康状况之间由于没有被观测到的污染因素等可能存在的相关性。如果忽略这种相关性,则系数的估计通常是非有效的,将导致变量的显著性检验失效,这会给后续的推断及结果分析带然很大的困难。该处理方法常见于面板数据建模中(刘莉亚等,2011)。关于固定效应的设定讨论可参见第 6 章。

　　综上,本章将研究如下随机效应二值响应模型的变量选择问题(第 6 章的半参数二值响应模型通过 B 样条等级数逼近可以近似表示为如下形式）：

$$\Pr(Y_{ij} = 1 | R_{ij}, W_j, a_j) \quad = \quad F(R_{ij}^{'}\gamma + W_j^{'}\theta + \delta + a_j),$$

$$j = 1, 2, \cdots, m; \ i = 1, 2, \cdots, n_j \qquad (7.1)$$

其中，Y_{ij} 表示第 j 个社区中第 i 个观测值取 0 或 1 的因变量；$R_{ij} \in R^{p_1}$ 为个体特征解释变量，$W_j \in R^{p_2}$ 为社区特征解释变量；$\gamma \in R^{p_1}, \beta \in R^{p_2}$ 为相应的回归系数；$\delta \in R$ 为截距项；$a_j \in R$ 为随机效应，表示其他不可观测或没有观测到的社区特征变量，截距项的存在保证了随机效应的期望为零；$F(x)$ 可以是 logistic 分布函数，也可以是标准正态分布。我们进一步假定随机效应 $a_j, \ j = 1, 2, \cdots, m$ 独立同分布，服从 $N(0, \sigma_a^2)$，其中 $\sigma_a^2 > 0$ 未知；且在给定 a_j 条件下，Y_{ij} 相互独立，显然 Y_{ij} 之间由于随机效应的存在是非独立的。该模型适用于群组数据或面板数据相关问题的分析，因而具有广泛的适用性。

由于式（7.1）中随机效应的存在，导致模型参数的似然函数没有解析式，很难获得其最大似然估计。现有研究多集中于随机效应 logit 模型的估计研究，如 Anderson 和 Aitkin（1985）运用 Gauss-Hermite 积分法得到了该似然函数的近似值，然后通过最大化该近似积分导出参数的最大似然估计；Raudenbush 等（2000）基于高阶 Laplace 近似方法建立了参数的估计；而韩俊林和陈励（2005）则基于 EM 算法给出了面板数据随机效应 logit 模型中的参数估计；等等。

本章的研究集中于模型的变量选择问题。而 Lasso 是同步完成变量选择和系数估计的常用方法，最早是由 Tibshirani（1996）在一般线性模型系数估计和变量选择中提出的，其本质上是带有惩罚项的最小二乘方法，文章通过 Monte Carlo 模拟实验说明了该方法的良好性质。但 Fan 和 Li（2001）在其包括 Lasso 的非凹惩罚变量选择方法研究一文中指出，Lasso 方法可以用来进行变量选择但对重要变量的系数估计是有偏的，他们猜测 Lasso 方法不具有理想化性质（Oracle Properties），即：（1）变量选择是一致的（能挑选出不包含无关变量的真实模型）；（2）重要变量的系数估计具有和真实模型已知时系数估计一样的大样本性质。Zou（2006）的研究解决了这个问题，文章证明了在线性模型的解释变量满足一定条件的前提下，Lasso 方法具有理想性质，但在一般条件下 Lasso 变量选择不具有一致性，即无法挑选出真实的模型，并提出了自适应 Lasso 的改进方法。近年来，Lasso 方法又被用于平稳或非平稳的时间序列模型中，如 Bai 和 Ng（2008）在回归变量正交条件下，当回归变量维数高于样本容量时，运用 Lasso 方法完成了时间序列预测模型中预测变量的选择；又如 Liao 和 Phillips（2010）利用 Lasso 方法同时解决了 VECM 模型中协整个数和滞后阶数的选择，并证明了该方法具有理想性质。

7.1.3　本章研究内容

本章将提出模型（7.1）中的变量选择方法。正如前文指出的，由于随机效应的存在，使似然函数不存在解释式，这加大了变量选择的难度。因此我们的研究工作是现有文献研究的进一步拓展，解决了随机效应二值响应模型的变量选择，并且本章提出的方法具有相当的普遍适用性，适用于常见的随机效应 logit 和随机效应 probit 计量模型等，填补了相关工具和方法的空白，能为计量经济学二值因变量的相关应用模型设定提供可选的方法。

后续章节安排如下，7.2 节将介绍随机效应二值响应计量模型的自适应 Lasso 变量选择方法；7.3 节将利用 Monto Carlo 仿真模拟实验研究有限样本下自适应 Lasso 方法的表现；7.4 节则将探讨该变量选择方法在个体健康影响因素分析中的应用；7.5 为结论。

7.2　模型的自适应 Lasso 变量选择研究

7.2.1　自适应 Lasso 估计的定义

借鉴信息准则变量选择方法的思想，参考 Zou（2006）线性模型的自适应 Lasso 方法的思路，将残差平方和替换为似然函数，定义本章随机效应二值响应模型的自适应 Lasso 估计为：

$$\hat{\beta} = \arg\max_{\beta} 2\sum_{j=1}^{m} \log f(Y_j; \beta, \sigma_a^2) - \sum_{l=1}^{p} \lambda_l \mid \beta_l \mid \tag{7.2}$$

其中，$\beta = (\gamma', \theta', \delta)'$，$\beta_l$ 为其第 l 个分量，$p = p_1 + p_2 + 1$，$f(Y_j; \beta, \sigma_a^2)$ 表示第 j 个社区因变量 $Y_j = (Y_{1j}, \cdots, Y_{n_j j})'$ 的概率密度函数；λ_l 称为调整参数，由于回归变

量的重要性不同,因而对不同的回归系数调整参数应取不同的值。(7.2)等价于

$$\hat{\beta} = \arg\min_{\beta} -2\sum_{j=1}^{m} \log f(Y_j; \beta, \sigma_a^2) + \sum_{i=1}^{p} \lambda_i \mid \beta_i \mid \tag{7.3}$$

式(7.3)中第一项度量了模型的拟合优度,第二项本质上是一个 L_1 惩罚项,能够避免过度拟合。模型中的变量越多,则拟合效果越好但反过来模型越复杂,第二项越大,自适应 Lasso 方法就是在模型的拟合效果(偏差)和模型的复杂性(方差)之间寻求一种平衡。可见,其基本思想同 AIC 和 BIC,只是这里的惩罚项是非固定的。由式(7.3)可知,当调整参数较大(惩罚较重)时,自适应 Lasso 方法能自动将无关变量的系数估计压缩为零;反之,对于重要变量(其参数真值较大)惩罚较小,自适应 Lasso 得到的系数估计是渐近无偏的,称之为自适应 Lasso 估计,其在一般条件下具有第一部分中提到的理想化性质(Zou,2006)。$\lambda_1 \cdots \lambda_p$ 全等时的变量选择即为 Lasso 变量选择方法。

根据 Zou(2006)等的研究,我们取 $\lambda_l = \lambda/\beta_l^2(mle)$,其中 $\beta_l(mle)$ 表示随机效应 logit 计量模型参数 β_l 的最大似然估计,可利用 stata 软件中的 xtlogit 命令获得。直观上,当 $\beta_l(mle)$ 估计很小时(对应回归变量的作用不显著),惩罚大,因而自适应 Lasso 能将该系数估计压缩为零实现变量选择。下记 $w_l = 1/\beta_l^2(mle)$,$l = 1, \cdots, p$ 为已知权重,于是式(7.2)可表示为:

$$\hat{\beta} = \arg\max_{\beta} 2\sum_{j=1}^{m} \log \left\{ \int f(Y_j \mid a_j; \beta) p(a_j; \sigma_a^2) da_j \right\} - \lambda \sum_{l=1}^{p} w_l \mid \beta_l \mid \tag{7.4}$$

其中,$f(\cdot|\cdot)$ 为给定解释变量和随机效应时的 logistic 概率密度函数,$p(\cdot)$ 为随机效应的正态概率密度函数。

式(7.4)中,由于随机效应的存在,上式中的对数似然函数不存在解析式。通常可把随机效应视为缺失数据,而处理存在缺失值时,最大化问题的一般方法是 EM 算法。因此我们将采用 EM 算法求解式(7.4)中的最大化问题,从而得到参数的自适应 Lasso 估计,同步完成变量选择和参数估计。后面我们将说明如果直接对式(7.4)中的对数似然函数采用数值积分,则会给最大化问题带来很大的困难和挑战。

7.2.2 基于 GH-EM 算法的自适应 Lasso 估计

（1）EM 算法构造

下记 $A = (a_1, \cdots, a_m)'$，$Y = (Y_1', \cdots, Y_m')'$，则基于完全数据 Y, A 的惩罚对数似然函数为：

$$pl(Y, A; \beta, \sigma_a^2) \equiv 2\log f(Y, A; \beta, \sigma_a^2) - \lambda \sum_{l=1}^{p} w_l \mid \beta_l \mid \tag{7.5}$$

EM 算法构造如下：

E-step:

$$Q(\beta, \sigma_a^2 | \beta^{(k)}, \sigma_a^{2(k)}) = E[pl(Y, A; \beta, \sigma_a^2) | Y; \beta^{(k)}, \sigma_a^{2(k)}]$$

$$= 2E[\log f(Y, A; \beta, \sigma_a^2) | Y; \beta^{(k)}, \sigma_a^{2(k)}] - \lambda \sum_{i=1}^{p} w_i |\beta_i| \tag{7.6}$$

其中 $\beta^{(k)}$ 为第 k 次迭代的自适应 Lasso 估计，$\sigma_a^{2(k)}$ 为第 k 次迭代的 σ_a^2 的估计。

M-step:

$$\max_{\beta, \sigma_a^2} Q(\beta, \sigma_a^2 | \beta^{(k)}, \sigma_a^{2(k)}) \tag{7.7}$$

下面先计算式 (7.6) 中的第一项（略去了常数 2）。记 $p(\cdot|\cdot)$ 为随机效应的后验分布，由直接计算和条件概率密度函数的归一化性质得：

$$E[\log f(Y, A; \beta, \sigma_a^2) | Y; \beta^{(k)}, \sigma_a^{2(k)}]$$

$$= \int_{a_1} \cdots \int_{a_m} \sum_{j=1}^{m} \left\{ \log f(Y_j \mid a_j; \beta) + \log p(a_j; \sigma_a^2) \right\} \prod_{t=1}^{m} p(a_t \mid Y_t; \beta^{(k)}, \sigma_a^{2(k)}) da_t$$

$$= \sum_{j=1}^{m} \int_{a_j} \left\{ \log f(Y_j \mid a_j; \beta) + \log p(a_j; \sigma_a^2) \right\} p(a_j \mid Y_j; \beta^{(k)}, \sigma_a^{2(k)}) da_j$$

$$= \sum_{j=1}^{m} \int_{a_j} \left\{ \log f(Y_j \mid a_j; \beta) + \log p(a_j; \sigma_a^2) \right\} f(Y_j \mid a_j; \beta^{(k)}) p(a_j; \sigma_a^{2(k)}) b_j^{-1} da_j$$

$$= \sum_{j=1}^{m} \int_{a_j} \left\{ \log f(Y_j \mid a_j; \beta) \right\} f(Y_j \mid a_j; \beta^{(k)}) p(a_j; \sigma_a^{2(k)}) b_j^{-1} da_j$$

$$+ \sum_{j=1}^{m} \int_{a_j} \left\{ \log p(a_j; \sigma_a^2) \right\} f(Y_j \mid a_j; \beta^{(k)}) p(a_j; \sigma_a^{2(k)}) b_j^{-1} da \tag{7.8}$$

其中, $b_j = \int f(Y_j|a_j; \beta^{(k)})p(a_j; \sigma_a^{2(k)})da_j$ 为后验分布的归一化常数,与参数 β 无关。由式(7.8)可见,第一项只与 β 有关而与 σ_a^2 无关,记为 $Q_1(\beta|\beta^{(k)}, \sigma_a^{2(k)})$,第二项只与 σ_a^2 有关而与 β 无关,记为 $Q_2(\sigma_a^2|\beta^{(k)}, \sigma_a^{2(k)})$。因此式(7.7)中的最大化问题归结为分别求解关于 β 和 σ_a^2 的偏导数并令其等于零的方程组。下面我们先求 β 的自适应 Lasso 估计,然后再探讨 σ_a^2 的估计。

（2） β 的自适应 Lasso 估计

由上可见,式(7.7)中关于 β 的最大化问题归结为求解方程组:

$$\frac{\partial Q(\beta, \sigma_a^2 \mid \beta^{(k)}, \sigma_a^{2(k)})}{\partial \beta} = \frac{\partial \tilde{Q}(\beta \mid \beta^{(k)}, \sigma_a^{2(k)})}{\partial \beta} = 0 \tag{7.9}$$

其中 $\tilde{Q}(\beta|\beta^{(k)}, \sigma_a^{2(k)}) = 2Q_1(\beta|\beta^{(k)}, \sigma_a^{2(k)}) - \lambda \sum_{l=1}^{p} w_l|\beta_l|$。由于随机效应的存在导致 $Q_1(\beta|\beta^{(k)}, \sigma_a^{2(k)})$ 的积分不存在解析解,我们假定随机效应服从正态分布,因此可采用 Gauss-Hermite 数值积分法进行求解,该积分法具有代数精度高,适用于无限积分限的优点。对某函数 $g(\cdot)$,有:

$$b_j^{-1} \int g(a_j)f(Y_j \mid a_j; \beta^{(k)})p(a_j; \sigma_a^{2(k)})da_j \approx \sum_{t=1}^{d} c_{jt}^{gh} g(a_{jt}) \tag{7.10}$$

若记 $node_t$ 和 $coef_t$ 分别为 d 阶 Hermite 多项式的零点和 Gauss-hermite 积分系数,则式(7.10)中

$$c_{jt}^{gh} = \frac{coef_t f(Y_j \mid a_{jt}; \beta^{(k)})}{\sqrt{\pi} \sum_{s=1}^{d} coef_s f(Y_j \mid a_{js}; \beta^{(k)})},$$

其中, $a_{jt} = \sqrt{2\sigma_a^{2(k)}} node_t$。结合式(7.6)中第二项的局部二次函数近似（参见 Fan 和 Li,2001）得:

$$\begin{aligned} \tilde{Q}(\beta \mid \beta^{(k)}, \sigma_a^{2(k)}) &\approx Q^{gh}(\beta \mid \beta^{(k)}, \sigma_a^{2(k)}) \\ &\equiv 2\sum_{j=1}^{m}\sum_{t=1}^{d} c_{jt}^{gh}\{\log f(Y_j \mid a_{jt}; \beta)\} - \lambda\sum_{l=1}^{p} w_l\frac{\beta_l^2}{\mid \beta_l^{(k)} \mid} \end{aligned} \tag{7.11}$$

于是式(7.7)的 M-step 就化为关于 β 最大化 $Q^{gh}(\beta|\beta^{(k)}, \sigma_a^{2(k)})$。对给定的

c_{jt}^{gh}（取决于 $\beta^{(k)}, \sigma_a^{2(k)}$），这等价于求解方程组：

$$\frac{1}{2}\frac{\partial Q^{gh}(\beta|\beta^{(k)}, \sigma_a^{2(k)})}{\partial \beta} = \sum_{j=1}^{m}\sum_{t=1}^{d} c_{jt}^{gh}\frac{\partial \log f(Y_j \mid a_{jt}; \beta, \sigma_a^2)}{\partial \boldsymbol{\beta}} - \lambda\sum_{l=1}^{p} w_l\frac{\beta_l^2}{|\beta_l^{(k)}|} = 0 \tag{7.12}$$

我们称这种基于 Gauss-Hermite 数值积分法的 EM 算法为 GH-EM 算法。式（7.12）的求解我们将采用常用的 Newton-Raphson 迭代方法：

$$\left(-\frac{\partial^2 Q^{gh}(\beta|\beta^{(k)}, \sigma_a^{2(k)})}{\partial\beta\partial\beta'}\right)\Bigg|_{\beta=\beta^{(old)}}\left(\beta^{(new)} - \beta^{(old)}\right) = \frac{\partial Q^{gh}(\beta|\beta^{(k)}, \sigma_a^{2(k)})}{\partial\beta}\Bigg|_{\beta=\beta^{(old)}} \tag{7.13}$$

当初始值 β^{old} 接近真值时，一步迭代估计和完全多次迭代估计一样有效（Bickel, 1975）。由于前面的迭代过程在经过一定的迭代次数后总能视为一次迭代估计，因此这里将 $\beta^{(k)}$ 作为 M-step 的迭代初始值，进行 Newton-Raphson 一步迭代得：

$$\begin{aligned}\beta^{(k+1)} &= \beta^{(k)} + \left\{\sum_{j=1}^{m}\sum_{t=1}^{d} c_{jt}^{gh}X_j'\omega_{jt}X_j + \lambda W^{(k)}\right\}^{-1}\\ &\times\left\{\sum_{j=1}^{m}\sum_{t=1}^{d} c_{jt}^{gh}X_j'(Y_j - \mu_{jt}) - \lambda W^{(k)}\beta^{(k)}\right\}\end{aligned} \tag{7.14}$$

其中，$X_j = (X_{1j}, \cdots, X_{n_jj})'$，$X_{ij} = (R_{ij}', W_j', 1)'$，$\omega_{jt} = \text{diag}(\omega_{1jt}, \cdots, \omega_{n_jjt})$，$\omega_{ijt} = \frac{d\mu_{ijt}}{d\eta_{ijt}}$，$\mu_{ijt} = F(\eta_{ijt})$，$\eta_{ijt} = X_{ij}'\beta^{(k)} + a_{jt}$，$\mu_{jt} = (\mu_{1jt}, \cdots, \mu_{n_jjt})$，$W^{(k)} = \text{diag}\left(\frac{w_1}{|\beta_1^{(k)}|}, \cdots, \frac{w_p}{|\beta_p^{(k)}|}\right)$。

需要说明的是，如果我们不采用 EM 算法，而是直接对式（7.4）中的积分采用 Gauss-Hermite 数值积分法，则由简单代数运算可得 β 的自适应 Lasso 估计的正规方程组为：

$$\sum_{j=1}^{m}\sum_{t=1}^{d} c_{jt}^{gh}(\beta)\frac{\partial \log f(Y_j \mid a_{jt}; \beta)}{\partial\beta} - \lambda\sum_{i=1}^{p} w_l\frac{\beta_l}{|\beta_l^{\{k\}}|} = 0 \tag{7.15}$$

其中，$c_{jt}^{gh}(\beta) = \frac{coef_t f(Y_j|a_{jt}; \beta)}{\sqrt{\pi}\sum_{s=1}^{d} coef_s f(Y_j|a_{jt}; \beta)}$，$a_{jt} = \sqrt{2\sigma_a^2}node_t$，其中 $coef_t$ 与 $node_t$ 分别表示 d 阶 Hermite 多项式的零点和 Gauss-hermite 积分系数。而式（7.15）

的求解一般采用 Newton-Raphson 和 Fisher 得分法，都涉及二阶导数矩阵的运算。由 $c_{jt}^{gh}(\beta)$ 依赖于 β，导致其求导非常复杂，必须借用数值微分法，且数值微分法依赖于初始值的选取，有可能不精确或算法不收敛。而 EM 算法中的 c_{jt}^{gh} 由于与 β 无关而回避了这个问题，且 EM 算法在很弱的条件下就收敛（Dempster 等，1977）。下面我们讨论随机效应方差 σ_a^2 的估计。

（3）随机效应方差 σ_a^2 的 EM 估计

由式（7.7）和式（7.8）得 σ_a^2 的最大化问题化为求解如下方程：

$$\frac{\partial Q(\beta, \sigma_a^2 \mid \beta^{(k)}, \sigma_a^{2(k)})}{\partial \sigma_a^2} = \frac{dQ_2(\sigma_a^2 \mid \beta^{(k)}, \sigma_a^{2(k)})}{d\sigma_a^2} = 0 \tag{7.16}$$

其中 $Q_2(\sigma_a^2 | \beta^{(k)}, \sigma_a^{2(k)})$ 同前，指式（7.8）中的第二项，可以表示为

$$\sum_{j=1}^{m} E\left\{\log p(a_j; \sigma_a^2) | Y_j; \beta^{(k)}, \sigma_a^{2(k)}\right\}.$$

代入随机效应的正态密度函数得方程的解为：

$$\begin{aligned}
\sigma_a^2 &= \frac{1}{m}\sum_{j=1}^{m} E\left(a_j^2 \mid Y_j; \beta^{(k)}, \sigma_a^{2(k)}\right) \\
&= \frac{1}{m}\sum_{j=1}^{m}\{[E(a_j|Y_j; \beta^{(k)}, \sigma_a^{2(k)})]^2 + \mathrm{var}(a_j|Y_j; \beta^{(k)}, \sigma_a^{2(k)})\}
\end{aligned} \tag{7.17}$$

由式（7.17）显见，可采用 Gauss-Hermite 积分法估计随机效应的方差，但当 n_j 较小时，该算法不稳定，容易受异常值影响，参见 Zellner 和 Rossi（1984）。另外，该随机效应的方差估计涉及后验分布，也可以采用 MCMC 方法，但所需抽样次数较多，计算速度较慢。我们将利用后验分布的众数 $\hat{a}_j$ 估计后验期望，并用后验分布的曲率（curvature）$\hat{v}_j$ 估计后验方差，得到的结果较为满意，容易计算且速度很快（Stiratelli 等，1984）。当 $\beta^{(k)}$ 为真值时，由式（7.17）即得随机效应方差的最终估计。但由于 β 的最终估计需要进行迭代计算，因此每次迭代后要重新计算随机效应 σ_a^2 的估计，为此我们记基于 $\beta^{(k)}, \sigma_a^{2(k)}$ 得到的随机效应方差估计为：

$$\sigma_a^{2(k+1)} = \frac{1}{m}\sum_{j=1}^{m}(\hat{a}_j^2 + \hat{v}_j) \tag{7.18}$$

（4）$\beta^{(k)}, \sigma_a^2$ 估计的 EM 算法总结

上述回归变量选择和参数估计步骤可概括为：

第一步，选取参数 $\beta = (\gamma', \theta', \delta')'$ 和 σ_a^2 的初始值 $\beta^{(0)}$ 和 $\sigma_a^{(0)}$。本章的初始值取为随机效应二值响应模型的最大似然估计；如随机效应 logit 模型可由 Stata 软件的 xtLogit 命令语句得到，其选项采用了软件默认的 8 个点的 Gauss-Hermite 积分法，20 点的结果差别不大。令 $k = 1$。

第二步，当调整参数 λ 已知（其选取见后文），在 σ_a^2 取 $\sigma_a^{2(k-1)}$，β 取 $\beta^{(k-1)}$ 时，首先利用 GH-EM 算法和 Newton-Raphson 迭代方法的式（7.14）得 $\beta^{(k)}$；然后利用式（7.18）得 $\sigma_a^{2(k)}$；

第三步，如果迭代收敛，则 $\beta^{(k)}$，$\sigma_a^{2(k)}$ 即为最终估计，分别记为 $\hat{\beta}$，$\hat{\sigma}_a^2$，其中 $\hat{\beta}$ 的非零分量对应的变量即为模型选择的回归变量。$\hat{\beta}$ 等于零的分量对应的变量即为无关变量；否则令 $k = k + 1$，回到第二步继续迭代。

上述算法中迭代收敛的准则取为：对事先给定的任意小的数 $\epsilon_0 > 0$，当 $k+1$ 步的估计值 $\hat{\vartheta}^{(k+1)}$ 和 k 步的估计值 $\hat{\vartheta}^{(k)}$ 满足

$$\| \hat{\vartheta}^{(k+1)} - \hat{\vartheta}^{(k)} \| / \| \hat{\vartheta}^{(k)} \| < \varepsilon_0 \tag{7.19}$$

时迭代终止，这里的 $\|\cdot\|$ 表示向量的 2 范数。

7.2.3　调整参数 λ 的选取

调整参数对于选取正确的回归变量集合是非常关键的。常用方法有交叉验证法（CV）、广义交叉验证法（GCV）、AIC、BIC 等。参考 Wang 和 Xia（2009），我们将基于 BIC 准则选取调整参数，方法如下：

$$BIC(\lambda) = -2\log f(Y; \hat{\beta}, \hat{\sigma}_a^2) + p_0 \times \log(n) \tag{7.20}$$

其中，$\log f(Y; \hat{\beta}, \hat{\sigma}_a^2) = \sum_{j=1}^{m} \log \left\{ \int \prod_{i=1}^{n_j} f(Y_{ij} \mid a_j; \hat{\beta}, \hat{\sigma}_a^2) p(a_j; \hat{\sigma}_a^2) da_j \right\}$，将采用 Monte Carlo 方法进行计算，$p_0$ 为非零参数个数，$n = \sum_{j=1}^{m} n_j$ 为样本容量。则 λ 取为

$$\hat{\lambda} = \arg\min_{\lambda} BIC(\lambda) \tag{7.21}$$

由上文的研究可见，本章的变量选择方法也可直接用于 F 为标准正态分布函数的情形，即直接适用于随机效应 probit 模型的变量选择问题。

7.3　蒙特卡罗模拟研究

7.3.1　数值模拟例子

考虑如下数据生成过程：

$$\Pr(Y=1|X,a) = F(X'\beta + a) \tag{7.22}$$

其中，$\beta = (3, 1.5, 0, 0, 2, 0)'$，$X$ 的前五个分量 $x_1, \cdots, x_5$ 均服从标准正态分布，且分量 x_i, x_j 间的相关系数为 $0.5^{|i-j|}$，X 的最后一个分量 $x_6 \sim B(1, 0.5)$，随机效应 $a \sim N(0, 0.25)$，F 取为 logistic 分布。在这个例子中，我们分别从该模型中独立抽取样本容量为 $m = 50, 100, 200$；$n_j = 4$ 的样本，在每种样本容量组合下重复抽取 100 次，生成样本容量相同的 100 个仿真数据集。

7.3.2　模拟结果

基于 BIC 选取的调整参数 λ，我们对每一数据集分别计算 β 的自适应 Lasso 估计，表7–1 中列出了 100 次估计中的平均零系数个数，其中"正确"列表示正确估计的零系数平均个数，"错误"列表示的是非零真系数估计为零的平均系数个数。表7–1 还给出了 100 次估计中选出正确模型的次数。由此可见，随着样本容量的增大，自适应 Lasso 的表现越来越好。

进一步，为了比较自适应 Lasso 估计和最大似然估计的估计精度，我们考虑相对估计误差（REE）：

$$\text{REE} = \frac{\sum\limits_{l=1}^{p} |\hat{\beta}_l(adplasso) - \beta_{0l}|}{\sum\limits_{l=1}^{p} |\hat{\beta}_l(mle) - \beta_{0l}|} \times 100\% \tag{7.23}$$

其中，$\hat{\beta}_l(adplasso)$ 为第 l 个回归系数的自适应 Lasso 压缩估计，$\hat{\beta}_l(mle)$ 则为该系数的最大似然估计，β_{0l} 为真值，100 次仿真模拟得到的 REE 中位数见表7–1。由此可见，当真实模型中包含无关变量时，自适应 Lasso 估计的精度相比最大似然估计的精度提高了一半左右。

表 7-1　　　　　　　　　　　　100 次蒙特卡罗仿真实验结果

样本容量	零系数的平均个数		选出正确模型的次数	REE
	正确	错误		
$m = 50, n_j = 4$	2.67	68	0	46.10%
$m = 100, n_j = 4$	2.82	82	0	44.82%
$m = 200, n_j = 4$	2.91	91	0	41.31%

注:积分近似计算中 Gauss-Hermit 积分点取 8 点,20 点的结果差别不大。

7.4　在个体健康状况影响因素分析中的应用

为了说明本章提出的自适应 Lasso 方法的实际应用,下面将关注于个体健康的影响因素分析,从中找出影响个体健康的重要因素。

7.4.1　样本数据说明

我们的样本来自由美国北卡罗来纳大学人口研究中心和中国疾病控制与预防中心合作开展的中国健康与营养调查(CHNS)2006 年的调查数据,限于相关个体的自评健康和人口特征变量(年龄、性别、婚姻状况、教育、家庭收入、家庭环境、家庭人数等)数据没有缺失的年龄在 16 ~ 65 岁的有效个人样本。另外,由于我们要计算收入差距指标,因此排除家庭收入非正的且社区中只含有一个收入为正的家庭的样本,最后得到的有效样本容量为 6 044 个个体,覆盖 217 个社区。

7.4.2　变量描述

我们的变量选取同 Li 和 Zhu(2006)。采用自评健康作为衡量健康的标准,令自评健康状况非常好和好时健康指标取 1,一般和差时取 0。每个社区的收入差距我们采用按户计算的 Gini 系数度量,即按户总收入排序,以调查户数倒数为权重计算。其他个体和社区控制变量包括收入差距平方、收入、收入平方、年龄、年龄平方/1000、性别指示变量、婚姻指示变量、教育、家庭规模、家庭环境、农村指示变量,具体描述见表7-2。其中社区到公立医院的距离变量不能随时获得且不显著,因此我们的控制变量中略去了它,但不同于 Li 和 Zhu(2006)的模型,我们考虑的模型中加入了随机效应部分,因此可视为包含了诸如社区到公立医院的距离等社区特征变量。

表 7-2   健康状况、收入差距及其他控制变量的定义和描述性统计

变量	定义	均值	标准差	最小值	最大值
健康状况	自评健康状况非常好和好时取 1,一般和差时取 0	0.63	0.48	0	1
Gini	社区的收入差距,用按户计算的 Gini 系数度量	0.48	0.13	0.08	0.84
收入	家庭人均收入,单位千元	1.95	3.20	0.001	50.9
年龄	样本只限于 16 ~ 65 岁的成人,参考了劳动力年龄标准	44.4	11.8	17	65
性别指示变量	男性取 1,女性取 0	0.48	0.5	0	1
婚姻指示变量	在婚取 1,未婚、离异和丧偶取 0	0.88	0.32	0	1
教育	接受正规教育的年数	6.77	4.15	0	21
家庭规模	家庭人口数	3.88	1.55	1	20
家庭环境指示变量	房屋周围没有排泄物取 1,其余情形取 0	0.75	0.42	0	1
农村指示变量	社区是农村取 1,否则取 0	0.71	0.46	0	1

数据来源:http://www.cpc.unc.edu/projects/china.

7.4.3 结果及分析

我们建立随机效应的 logit 模型进行分析。模型的 Stata 检验结果表明随机效应是显著的,因此基于随机效应 logit 计量模型研究健康的影响因素是合理的。参数估计结果见表7-3,可见影响健康的重要因素有收入差距、年龄、性别、婚姻、教育、农村指示变量和随机效应指示的某些社区特征变量。其中收入差距对健康的影响呈倒 U 形,表明当收入差距较低时,拉大收入差距有利于改善个体的健康状况,但如果收入差距进一步扩大,则会导致个体健康恶化。

表 7-3   随机效应 logit 模型的自适应 lasso 估计和最大似然估计结果

变量	自适应 lasso 估计	最大似然估计
常数项	0.003 3	0.328 9 (0.765 3)
收入差距	4.298 3	3.380 5 (2.497 1)
收入差距平方	−4.524 2	−3.674 1 (2.512 9)

续表

变量	自适应 lasso 估计	最大似然估计
收入	0	0.027 6 (0.019 2)
收入平方	0	−0.001 (0.000 7)
年龄	0	−0.012 2 (0.020 7)
年龄平方	−0.559 6*	−0.424 2* (0.230 1)
性别指示变量	0.320 0*	0.313 2** (0.061 3)
婚姻指示变量	0.175 7*	0.226 8* (0.111 9)
教育	0.020 9*	0.023 6** (0.004 5)
家庭规模	0	−0.014 4 (0.022 4)
家庭环境指示变量	0	0.071 3 (0.083 4)
农村指示变量	0.224 6*	0.269 7* (0.126 3)
随机效应标准差 σ_a	0.641 0*	0.656 1 (0.047 2)

注:(1) 系数旁边的括号内为其标准误,*、**、*** 分别表示 10%、5%、1% 水平下显著。
(2) 自适应 lasso 估计是利用 matlab 编程获得的,最大似然估计是由 Stata 软件计算得到的。

7.5　结论

　　本章研究了计量经济学应用模型设定中的基础问题——变量选择问题。不同于现有研究,本章探讨了包含随机效应的二值离散因变量情形下的变量选择方法。由于自适应 Lasso 方法具有的理想性质,如无偏性、连续性和稀疏性(即能将无关变量的系数估计压缩为零),我们提出了随机效应二值响应模型的自适应 Lasso 方法,并同步完成了变量选择和参数估计。模拟计算和实例应用中重点讨论了随机效应 logit 计量模型的变量选择问题,但如果将 logistic 分布改为标准正态分布得到的随机效应 probit 计量模型的变量选择过程完全一样,只需将其中的分布函数 $F(\cdot)$ 用标准正态分布函数代入即可,结果类似。

　　由于模型中随机效应的存在导致对数似然函数没有解析式,如果直接对该对数似然函数采用数值积分法,如 Gauss-Hermite 积分法,则最大化问题将变得很复杂,很可能算法不收敛。本章将随机效应视为缺失数据,运用 EM 算法和 Gauss-Hermite 积分法建立了模型参数的自适应 Lasso 估计。Monto Carlo 仿真模拟实验结果表明自适应 Lasso 变量选择和参数估计的有限样本表现良好,参数估计精度高,计算效率高。

实例应用结果表明影响健康的重要影响因素有收入差距、年龄、性别、婚姻、教育、农村指示变量和包含在随机效应中的某些社区特征变量。特别是收入差距对健康的影响呈倒 U 形,表明当收入差距较低时,拉大收入差距有利于改善个体的健康状况,但如果收入差距进一步扩大,则会导致个体健康恶化。现有研究表明我国改革与发展进程中的收入差距呈阶梯式上升,目前的收入差距仍然过大(高连水,2011),这不利于改善个体的健康状况。在这种情况下,政府必须建立合理的收入再分配制度缩小地区间的收入差距,大幅提高低收入人群的收入等。

参考文献

边文龙,王向楠. 面板数据随机前沿分析的研究综述 [J]. 统计研究,2016(6): 13-20.

陈海强,韩乾,吴锴. 融资约束抑制技术效率提升吗?——基于制造业微观数据的实证研究 [J]. 金融研究,2015(10):148-162.

陈林. 中国工业企业数据库的使用问题再探 [J]. 经济评论,2018(6):140-153.

陈勇,李小平. 中国工业行业的技术进步与工业经济转型——对工业行业技术进步的 DEA 法衡量及转型特征的分析 [J]. 管理世界,2007(6):56-63.

杜勇,眭鑫. 控股股东股权质押与实体企业金融化——基于"掏空"与控制权转移的视角 [J]. 会计研究,2021(2):102-119.

封进,余央央. 中国农村的收入差距与健康 [J]. 经济研究,2007(1):79-88.

高连水. 什么因素在多大程度上影响了居民地区收入差距水平?——基于 1987—2005 年省际面板数据的分析 [J]. 数量经济技术经济研究,2011(1):130- 139.

韩俊林,陈励. 随机效应 logistic 模型的参数估计 [J]. 数量经济技术经济研究,2005(1):93-98.

郝项超,梁琪. 最终控制人股权质押损害公司价值么?[J]. 会计研究,2009(1): 57-63.

姜富伟,薛浩,周明. 大数据提升了多因子模型定价能力吗?——基于机器学习方法对我国 A 股市场的探究 [J]. 系统工程理论与实践,2022(8):2037-2048.

姜旭平,王鑫. 影响搜索引擎营销效果的关键因素分析 [J]. 管理科学学报, 2011(9):37-45.

康赞亮. 计量经济学模型变量选择与设定的理论方法研究 [D]. 清华大学经济学硕士学位论文,2009.

李斌,邵新月,李现阳. 机器学习驱动的基本面量化投资研究 [J]. 中国工业经济,2019(8):61-79.

李常青,曾敏,陈泽艺. 大股东会支持上市公司吗?——基于大股东股权质押的视角 [J]. 厦门大学学报(哲学社会科学版),2021(4):71-84.

凌润泽,李彬,潘爱玲,王慧. 供应链金融与企业债务期限选择 [J]. 经济研究,2023(10):93-113.

刘莉亚,丁剑平,覃筱,代飞. 面板数据计量模型适应性的比较研究 [J]. 管理科学学报,2011(2):86-96.

刘小玄,李双杰. 制造业企业相对效率的度量和比较及其外生决定因素(2000—2004)[J]. 经济学(季刊),2008(7):843-868.

罗小峰,秦军. 农户对新品种和无公害生产技术的采用及其影响因素比较 [J]. 统计研究,2010(8):90-95.

聂辉华,贾瑞雪. 中国制造业企业生产率与资源误置 [J]. 世界经济,2011(7):27-42.

聂辉华,江艇,杨汝岱. 中国工业企业数据库的使用现状和潜在问题 [J]. 世界经济,2012(5):142-158.

彭俞超,倪骁然,沈吉. 企业"脱实向虚"与金融市场稳定——基于股价崩盘风险的视角 [J]. 经济研究,2018(10):50-66.

邱晗,黄益平,纪洋. 金融科技对传统银行行为的影响——基于互联网理财的视角 [J]. 金融研究,2018(11):17-29.

施新政,高文静,陆瑶,李蒙蒙. 资本市场配置效率与劳动收入份额——来自股权分置改革的证据 [J]. 经济研究,2019(12):21-37.

沈悦,郭品. 互联网金融、技术溢出与商业银行全要素生产率 [J]. 金融研究,2015(03):160-175.

宋弘,罗长远. 高房价会扭曲公众的价值观吗?——基于中国家庭追踪调查(CFPS)的实证分析 [J]. 经济学(季刊),2021(5):1753-1772.

田国强,李双建. 经济政策不确定性与银行流动性创造:来自中国的经验证据 [J]. 经济研究,2020(10):19-35.

涂正革,肖耿. 中国的工业生产力革命——用随机前沿生产模型对中国大中型工业企业全要素生产率增长的分解及分析 [J]. 经济研究,2005(3):4-15.

王博,刘时雨,罗荣华,张晓玫. 金融科技监管与银行高息揽"储"——基于理财产品视角 [J]. 财贸经济,2021(11):52-67.

王大荣，张忠占. 线性回归模型中变量选择方法综述 [J]. 数理统计与管理，2010（4）：615-627.

文春晖，任国良. 虚拟经济与实体经济分离发展研究——来自中国上市公司2006—2013 年的证据 [J]. 中国工业经济，2015（12）：115-129.

夏业良，程磊. 外商直接投资对中国工业企业技术效率的溢出效应研究——基于 2002—2006 年中国工业企业数据的实证分析 [J]. 中国工业经济，2010（7）：55-68.

肖作平. 公司治理影响债务期限结构类型吗——来自中国上市公司的经验证据 [J]. 管理工程学报，2010（1）：110-123.

谢德仁，廖珂，郑登津. 控股股东股权质押与开发支出会计政策隐性选择 [J]. 会计研究，2017(3):30-38.

姚加权，张锟澎，郭李鹏，冯绪. 人工智能如何提升企业生产效率？——基于劳动力技能结构调整的视角 [J]. 管理世界，2024（2）：101-116+133.

尹志超，吴子硕，蒋佳伶. 移动支付对中国家庭储蓄率的影响 [J]. 金融研究，2022（9）：57-74.

赵静，郭晔. 金融强监管，影子银行与银行系统性风险 [J]. 中国管理科学，2023（7）：50-59.

赵文军，于津平. 贸易开放、FDI 与中国工业经济增长方式——基于 30 个工业行业数据的实证研究 [J]. 经济研究. 2012 (8)：18-31.

朱新玲. 马尔科夫链蒙特卡洛方法研究综述 [J]. 统计与决策，2009（21）：151-153.

Ahn SC, Lee YH, Schmidt P. GMM estimation of linear panel data models with time-varying individual effects[J]. Journal of Econometrics 2001,101(2): 219-255.

Ahn SC, Lee YH, Schmidt P. Panel data models with multiple time-varying individual effects[J]. Journal of Econometrics,2013,174(1): 1-14.

Anderson DA, Aitkin M. Variance component models with binary response: interviewer variability[J]. Journal of the Royal Statistical Society Ser. B, 1985,47 (2): 204-210.

Angrist Joshua D, Krueger Alan B. Does compulsory school attendance affect schooling and earnings?[J]. Quarterly Journal of Economics, 1991, 106(4):

979-1014.

Bai J. Panel Data Models with Interactive Fixed Effects[J]. Econometrica, 2009,77(4): 1229-1279.

Bai J, Ng S. Forecasting Economic Time Series using Targeted Predictors [J]. Journal of Econometrics, 2008,146(2): 304-317.

Bai J, Li K. Theory and methods of panel data models with interactive effects [J]. The Annals of Statistics,2014,42(1): 142-170.

Battese GE, Coelli TJ. Frontier production functions, Technical Efficiency and Panel Data: With Application to Paddy Farmers in India[J]. The Journal of Productivity Anakysis, 1992, 3(1): 153-169.

Battese GE, Coelli TJ. A Model for Technical Inefficiency Effects in a Stochastic Frontier Production Function for Panel Data[J]. Empirical Economics, 1995, 20(2): 325-332.

Bickel PJ. One-step Huber Estimates in the Linear Models[J]. Journal of the American Statistical Association, 1975, 350(70): 428-433.

Boor C. A practical guide to splines[M]. New York: Springer, 1978.

Breitung J, Hansen P. Alternative estimation approaches for the factor augmented panel data model with small T[J]. Empirical Economics,2021,60(1): 327-351.

Caner M, Hansen BE. Instrumental variable estimation of a threshold model [J]. Econometric Theory,2004,20(5): 813-834.

Card D. Estimating the return to schooling: progress on some persistent ecnometric problems[J]. Econometrica, 2001, 69(5): 1127-1160.

Card D, Lee D, Pei Z, Weber W. Nonlinear policy rules and the identification and estimation of causal effects in a generalized regression kink design[J]. Working paper, 2012.

Casella G, George EI. Explaining the Gibbs sampler[J]. American Statistician,1992, 46(3): 167-174.

Chamberlain G. Chap 22 Panel data, Hand book of Econometrics Vol.II[M], edited by Z. Griliches and M. Intriligator, North Holland, Amsterdam, 1984: 1247-1318.

Chamberlain G. Analysis of covariance with qualitative data[J]. Review of Economic Studies, 1980, 47(1): 225-238.

Chan KS. Consistency and limiting distribution of the least squares estimator of a threshold autoregressive model[J]. The Annals of Statistics,1993, 21(1):520-533.

Chan KS, Tsay RS. Limiting properties of the least squares estimator of a continuous threshold autoregressive model[J]. Biometrika,1998, 85(2):413-426.

Chan KS, Tong H. On the likelihood ratio tests for threshold autoregressive[J]. Journal of the Royal Statistical Society, Ser. B,1990, 52(3): 469-476.

Chen XH. Chapter 76 Large Sample Sieve Estimation of Semi-Nonparametric Models, Handbook of Econometrics Vol VI[M]. North Holland,2007: 5549-5632.

Chen Y. Jump or kink: on super-efficiency in segmented linear regression breakpoint estimation[J]. Biometrika,2021, 108(1): 215-222.

Chib S, Greenberg E. Understanding the Metropolis-Hastings algorithm[J]. American Statistician,1995, 49(4): 327-335.

Chiou JM, Müller H-G. Estimated estimating equations: semiparametric inference for clustered/longitudinal data[J]. Journal of the Royal Statistical Society, Series B,2005, 67(4): 531-553.

Cornwell C, Schmidt P, Sickles RC. Production Frontiers with Cross-Sectional and Time-Series Variation in Efficiency Levels[J]. Journal of Econometrics, 1990, 46(1-2): 185-200.

Demir F. Financial Liberalization, Private Investment and Portfolio Choice: Financialization of Real Sectors in Emerging Markets[J]. Journal of Development Economics, 2009,88(2): 314-324.

Dempster AP, Laird NM, Rubin DB. Maximum likelihood from incomplete data via EM-algorithm[J]. Journal of the Royal Statistical Society, Ser. B, 1977, 39(1): 1-38.

Fahrmeir L, Tutz G. Multivariate statistical modeling based on generalized linear models[M]. New York:Springer-Verlage, 1994.

Fan JQ, Gijbels I. Local polynomial modeling and its applications[M]. New York: Chapmoa and Hall, 1996.

Fan JQ, Li R. Variable Selection via Nonconcave Penalized Likelihood and its Oracle Properties[J]. Journal of the American Statistical Association, 2001,96 (456): 1348–1360.

Fan JQ, Li R. New estimation and model selection procedures for semi-parametric modeling in longitudinal data analysis[J]. Journal of the American Statistical Association,2004,99(467): 710-723.

Fan JQ, Huang T. Profile Likelihood Inferences on semiparametric varying-coefficient partially linear models[J]. Bernoulli, 2005, 11(6): 1031-1057.

Fan JQ, Huang T, Li R. Analysis of longitudinal data with semiparametric estimation of covariance function[J]. Journal of American Statistical Association, 2007,102(478): 632-641.

Fan JQ, Wu Y. Semiparametric estimation of covariance matrixes for longitudinal data[J]. Journal of the American Statistical Association,2008,103(484): 1520-1533.

Fan JQ, Zhang JT. Two-step estimation of functional linear models with applications to longitudinal data[J]. Journal of the Royal Statistical Society, Series B, 2000, 62(2): 303-322.

Fan JQ, Zhang W. Statistical estimation in varying coefficient models[J]. The Annals of Statistics, 1999, 27(5): 1491-1518.

Fan J, Zhang W. Simultaneous confidence bands and hypothesis testing in varying-coefficient models[J].Scandinavian Journal of Statistics,2000,27(4): 715-731.

Feinstein JS. The relationship between socioeconomic status and health: a review of the literature[J]. The Milbank Quarterly, 1993, 71(2): 279-322.

Friedberg L. Did Unilatreral Divorce Raise Divorce rates? Evidence From Panel Data[J]. American Economics Review, 1998, 88(3): 608–627.

Gerdtham UG, Johannesson M, Lundberg L, Isacson D. The demand for health: result from new measures of health capital[J].European Journal of Political Economy, 1999, 15(3): 501-521.

Grossman M. On the concept of health capital and the cemand for health [J]. Journal of Political Economy, 1972, 80(2):223-55.

Hansen BE. Sample splitting and threshold estimation[J]. Econometrica,2000, 68(3): 575-603.

Hansen BE.Regression kink with an unknown threshold[J]. Journal of Business and Economic Statistics,2017, 35(2): 228-240.

Hardle Wolfgang, Linton Oliver. Chap 38 Applied nonparametric methods. Handbook of Econometrics Volume IV[M]. edited by Engle R.F. and McFadden D.L., North Holland, 1994:2308-2339.

Hausman JA, Taylor WE. Panel data and unobservable individual effects[J]. Econometrica,1981,49(6): 1377-1398.

Hidalgo J, Lee J, Seo MH. Robust inference for threshold regression models[J]. Journal of Econometrics,2019, 210(2):291-309.

Horowitz JL. Nonparametric Additive Models[J]. In: Racine J, Su L, Ullah A (eds.), The Oxford Handbook of Applied Nonparametric and Semiparametric Econometrics and Statistics[M]. Oxford University Press, 2014, 129-148.

Hu Z, Wang N, Carroll RJ. Profile-Kernel versus backfitting in the partially linear models for longitudinal/clustered data[J]. Biometrika,2004, 91(2): 251-262.

Judd K. Numerical Method in Economics[M]. MIT University Press,1998.

Juodis A. Pesudo panel data models with cohort interactive effects[J].Journal of Business and Economic Statistics,2018, 36(1): 47-61.

Juodis A, Sarafidis V. Fixed T dynamic panel data estimators with multifactor errors[J]. Econometric Reviews, 2018, 37: 893-929

Juodis A, Sarafidis V. A linear estimator for factor-augmented fixed-T panels with endogenous regressors[J]. Journal of Business and Economic Statistics, 2022, 40(1) : 1-15.

Karabyk H, Urbain J-P, Westerlund J. CCE estimation of factor-augmented regression models with more factors than observables[J]. Journal of Applied Econometrics, 2019,34(2): 268-284.

Karagiannis G, Tzouvelekas V. A Flexible Time-Varying Specification of the Technical Inefficiency Effects Model[J]. Empirical Economics, 2007, 33: 531-540.

Kock AB. Oracle Inequalities, Variable Selection and Uniform Inference in

High-dimensional Correlated Random Effects Panel Data Models[J]. Journal of Econometrics, 2016, 195(1): 71-85.

Kruiniger H. Identification without assuming mean stationary: quasi-maximum likelihood estimation of dynamic panel models with endogenous regressors[J]. Econometrics Journal, 2021,24(3): 417-441.

Landais C. Assessing the welfare effects of unemployment benefits using the regression kink design[J]. American Economics Review: Economic Policy 2015,7(4): 243-278.

Lee S, Seo MH, Shin Y. Testing for threshold effects in regression models[J]. Journal of the American Statistical Association,2011, 106(493): 220-231.

Lee YH, Schmidt P. A Production Frontier Model With Flexible Temporal Variation In Technical Efficiency. In: Fried H, Lovell C, Schmidt P(eds). The Measurement of Productive Efficiency[M]. New York Oxford Press, 1993, 237-255.

Li C, Wei Y, Chappell R, He X. Bent line quantile regression with application to an allometric study of land mammals' speed and mass[J]. Biometrics 2011, 67(1): 242-249.

Li H, Zhu Y. Income, income inequality, and health: evidence from China[J]. Journal of Comparative Economics, 2006,34(4): 668-693.

Liao Z, Phillips PCB. Automated Estimation of Vector Error Correction Models[J]. Working Paper, 2010.

Mitra SN, Al-Sabir A, Cross AR, Jamil K. Bangladesh and Demographic Health Survey 1996-1997. Dhaka and Calverton, MD: National Institute of Population Research and Training (NIPORT), Mitra and Associates, and Macro International Inc., 1997.

Mundalk Y. On the pooling of time series and cross section data[J]. Econometrica, 1978,46(1): 69-85.

Nauges C, Thomas A. Consistent estimation of dynamic panel data models with time-varying individual effects[J]. Annals of Economics and Statistics,2003,70 (70): 53-75.

O'Sullivan F, Yandell B, Raynor W. Automatic smoothing of regression functions in generalized linear models[J]. Journal of the American Statistical Association, 1986, 81(393): 96-103.

Pace PK, Barry R, Slawson JVC, Sirmans CF. Simultaneous spatial and functional form transformation[J]. In: Anselin L, Florax R, Rey SJ(eds)[M]. Advances in Spatial Econometrics. Berlin: Springer-Verlag, 2004, 194-224.

Pesaran MH. Estimation and inference in large heterogeneous panels with a multifactor error structure[J]. Econometrica,2006, 74(4): 967-1012.

Pitt M, Lee LF. The Measurement and Sources of Technical Inefficiency in the Indonesian Weaving Industry [J]. Journal of Development Economics, 1981, 9(1): 43-64.

Raudenbush SW, Yang ML, Yosef M. Maximum likelihood for generalized linear models with nested random effects via high-order multivariate Laplace approximation[J].Journal of Computational and Graphical Statistics, 2000, 9(1): 141-157.

Ripley B.Stochastic Simulation[M]. New York: Wiley,1987.

Robertson D, Sarafidis V. IV estimation of panels with factor residuals[J]. Journal of Econometrics,2015, 185(2): 526-541.

Schmidt P, Sickles RC. Production Frontiers and Panel Data [J].Journal of Business and Economic Statistics,1984, 2(4): 367-374.

Schultz TP. Human capital,schooling and health [J].Economics Human Biology,2003,1(2): 207-221.

Schumaker LL. Spline functions[M]. New York: Wiley, 1981.

Stiratelli R, Laird N, Ware JH. Random-effects Models for Serial Observation with Binary Response[J]. Biometrics, 1984, 40(4): 961-971.

Su L, Jin S. Sieve Estimation of Panel Data Models with Cross Section Dependence[J]. Journal of Econometrics, 2012, 169(1):34-47.

Sun Y, Huang W. Quai-maximum likelihood estimation of short panel data models with time-varying individual effects [J]. Metrika,2022, 85(1): 93-114.

Sun Y, Huang W. Estimation and testing of kink regression model with endogenous regressors [J]. Computational statistics, 2024, 39: 3115-3135.

Sun Y, Zhang W, Tong H. Estimation of the covariance matrix of random effects in longitudinal studies [J]. The Annals of Statistics,2007, 35(6): 2795-2814.

Tibshirani RJ. Regression Shrinkage and Selection via the LASSO [J]. Journal of the Royal Statistical Society, Ser. B, 1996,58(1): 267-288.

Tong H. Threshold models in nonlinear time series analysis: Lecture Notes in Statistics[M]. Springer, Berlin, 1983.

Tong H. Non-linear time series: a dynamical system approach [M]. Oxford: Oxford University Press,1990.

Tsay RS. Testing and modeling threshold autoregressive processes [J]. Journal of the American Statistical Association,1998, 84(405): 231-240.

Ulveling Edwin F., Fletcher Lehman B.. A Cobb-Douglas Production Function with Variable Returns to Scale [J]. American Journal of Agricultural Economics, 1970, 52(2): 322-326.

Waggstaff A, Doorslaer EV. Income inequality and health: what does the literature tell us?[J]. Annual Review of Public Health, 2000, 21: 543-567.

Wang Li, Liu Xiang, Liang Hua, Carroll Raymond J. Estimation and variable selection for generalized additive partial linear models [J]. The Annals of Statistics, 2011, 39(4): 1827-1851.

Wang N. Marginal Nonparametric Kernel Regression Accounting Within-Subject Correlation [J].Biometrika, 2003, 90(1): 29-42.

Wang N, Carroll RJ, Lin X. Efficient Semiparametric Marginal Estimation for Longitudinal/Clustered Data[J]. Journal of the American Statistical Association, 2005, 100(469): 147-157.

Wang H, Xia Y. Shrinkage Estimation of the Varying Coefficient Model[J]. Journal of the American Statistical Association, 2009,104(486): 747-757.

Wei GCG, Tanner MA. A Monte Carlo implementation of the EM algorithm and the poor man's augmentation algorithms[J]. Journal of the American Statistical Association, 1990, 85(411): 669-795.

Westerlund J, Petrova Y, Norkutė M. CCE in fixed-T panels[J]. Journal of Applied Econometrics,2019,34(5): 746-761.

Wilkinson RG. Unhealthy societies: the affliction of inequality[M]. London:

Routledge, 1996.

Wilkinson RG. Health inequalities: relative or absolute material standards?[J]. British Medical Journal, 1997, 314(7080): 591-95.

Wood SN. Minimizing model fitting objectives that contain spurious local minima by bootstraop restarting[J]. Biometrics,2001, 57(1): 240-244.

Wooldridge J. Econometric analysis of cross section and panel data.1st edition[M]. MIT Press, 2001.

Wooldridge J. 计量经济学导论(第三版)英文版 [M]. 清华大学出版社,2007.

Xia Y, Li WK. On the estimation and testing of functional-coefficient linear models[J]. Statistica Sinica,1999, 9(3): 735-757.

Yang Z, Li C, Tse YK. Functional form and spatial dependence in dynamic panels[J]. Economics Letters,2006, 91:138-145.

Zellner A, Rossi PE. Bayesian Analysis of Dichotomous Quantal Response Models[J]. Journal of Econometrics,1984,3(25): 365-393.

Zhang W, Lee SY. Variable bandwidth selection in varying-coefficient models[J]. Journal of Multivariate Analysis, 2000, 74(1): 116-134.

Zhang W, Lee SY, Song X. Local polynomial fitting in semivarying coefficient models[J]. Journal of Multivariate Analysis, 2002, 82(1): 166-188.

Zhong W, Wan C, Zhang W. Estimation and inference for Multi-Kink Quantile Regression[J]. Journal of Business and Economic Statistics,2022,40(3): 1123-1139.

Zhu F, Chen J, Chen Z, Li HX.Shadow Banking Shadowed in Banks' Balance Sheets: Evidence from China's Commercial Banks[J].Accounting and Finance,2019,59(05): 2879-2903.

Zou Hui. The Adaptive Lasso and Its Oracle Properties[J]. Journal of the American Statistical Association, 2006,101(476): 1418-1429.